Projector
Generator

Manifestor
Reflector

從九大能量中心、四大類型互動
找回你的人生主導權

人類圖

Repeat
——著

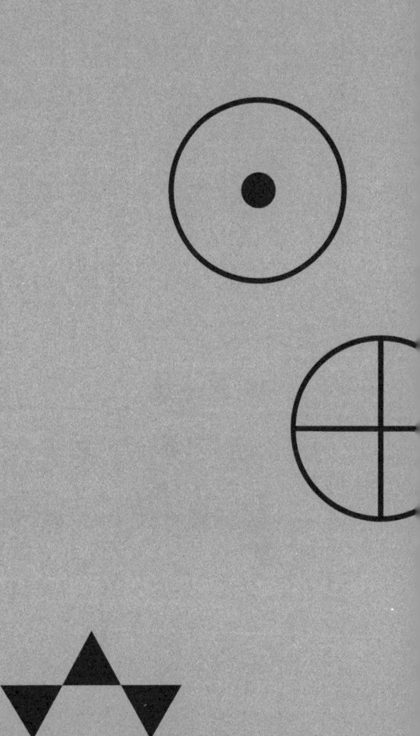

目錄｜CONTENTS

第一部

解讀九大能量中心，找到與世界共處的方式

▶ 第一章

兩個壓力中心：頭頂中心、根部中心——求知欲與時間壓力

▶ 第二章

三個察覺中心：概念化中心、情緒中心、直覺中心——恐懼與覺察

▶ 第三章

四個動力中心：意志力中心、情緒中心、薦骨中心、根部中心——衝勁與能量

第二部

從人類圖類型，尋回自己本來的樣子

▶ 第六章

生產者——找到自己真正想做的事

▶ 第七章

顯示生產者——走在所有人前面

▶ 第八章

投射者——有滿滿的抱負無處抒發

▶ 第九章

顯示者——渴望不受拘束地活著

前言：透過人類圖認識自己

你是否曾經想過，你的人生到目前為止所發生的一切，根基於你一次又一次的決定？

小時候的我喜歡玩一個遊戲，在紙張的最底端畫下一個起點，隨後每一個岔路則有各式各樣的經歷：有的是寶藏、有的是遇到陷阱，有的就只是繼續向前走。最後再把這張地圖由上往下捲起來，只留下最底端的起點，讓玩家每一次都是新的體驗。

人生也是如此，在我們每一次的決策之後，便向前展開未知的旅途。在面對一個又一個、大小不一的人生路口時，我們常常會根據「父母的經驗」、「專家說法」來做選擇，卻很少有人真正問過你：**這件事情對你是不是正確的？你有足夠的能量做這件事情嗎？這是一個正確的時機嗎？**

而當我們遇見了人類圖之後，人類圖提供了一個嶄新做決定的方式（decision-making）：回到你的策略、使用你的內在權威。

人類圖（Human Design）是由拉・烏盧・胡（Ra Uru Hu）在1987年經歷奇妙的體驗後所創立的體系，最核心的宗旨就是「活出你的設計」（Living Your Design）。我們每個人天生都有自己獨特的個性、行為模式、能量來源，以及看事情的觀點，然而，在這「同質化」的世界裡，社會卻試圖用一模一樣的標準或目標，來看待不同的個體與每個人獨一無二的人生。

這幾年，有越來越多人開始接觸人類圖，無論是實體的書籍、網路上的各種資訊、講座或課程，比比皆是，但我在教學的路上，最常聽到的問題只有兩種：「人類圖好難，我都聽不懂。」「這些名詞我都懂，但為什麼我還不知道該怎麼做？」甚至還有最令人擔憂的「似懂非懂」狀態。

愛因斯坦說：「大量的資訊不等同於知識。」而人類圖是一門你需要親身實際體驗的知識，大量的進階資料並不會直接地幫助你「回到自己」，只是滿足了我們腦袋想要知道更多的壓力。

在規劃這本人類圖的入門書籍時，我希望可以貫徹教學時的個人風格，像是一個囉唆的人生嚮導，帶著大家一步一步向前走。我喜歡用各種比喻幫助學員們了解，比喻則必須恰到好處，不能失真也不能無趣，這樣才能深入淺出地說明原理和準則，透過真正地理解，我們才能看見標籤後面的為難與真相。

看懂人類圖之前：
取得你的人類圖&常用名詞解釋

什麼是人類圖？

人類圖藉由正確的出生時間，可以精準地知道一個人出生時的初始人格特質，以及因為環境可能會有什麼樣的發展與潛能。除了認識自己的特質之外，人類圖這個工具的核心價值，是從根本上，改變我們過往所學到的「做決定」的方式。

從小到大，這個世界要求我們在做決定時，要針對問題分析與判斷優劣得失，但我們的心智（Mind）其實是我們學習來的知識資料庫，這些資料則來自父母、師長以及社會所有累積下來的百年經驗。

當我們拿著他人的經驗來體驗自己的人生時，這將剝奪我們的獨特性，因為並不是每一個人都適用同樣的標準，也不該擁有一樣的目標或達成目標的方式。人類圖則提供了全新不同的解方：一切關乎於能量。

在本書的章節中，會逐步介紹「能量」是如何幫助我們做出適合的決定，而這些正確的決定可以帶給我們人生什麼樣不同的風景。希望人類圖不單單只是你的人生使用說明書，更像是你專屬的「人生道路駕訓班」：知道如何前進、何時前進。

在這個漸漸拿回自己「人生主導權」的過程中，我們也得以學會真正地愛自己與尊重他人。

如何開始？

在進入「人類圖官方跑圖系統」之前，建議你先找出自己的出生證明，如果已經遺失，可以到全國的「戶政事務所」申請，不要過度相信爸媽的記憶力，也盡量不要使用「時辰」。

因為出生時間所代表的，是你在完全離開母體的那一刻宇宙能量的「截圖」，這一刻產生了獨一無二的你。從人體圖（Body Graph）當中，將可以看見你先天的個性、遺傳的印記，在獨一無二的家庭環境與社會洗禮之下，所擁有的可能性。

準備好出生時間，請在官方認證的跑圖系統中（或掃描右方 QR code），輸入你的正確出生時間與地點，讓我們一起來看看這份地圖的索引。

常見名詞釋義

這本書就像是你人生旅途的指南，無論你是剛認識人類圖的新手，還是已經走在旅程上的老朋友，都希望可以帶給各位不一樣的風景。讓我們從最基本的名詞做一些簡單、但切入點不同的解釋。

九大能量中心（Centers）

1781年後，人類發生了進化，從過去的七大能量中心（也就是我們熟知的七大脈輪），進化為九大能量中心的過渡期人類，比起過去，現代的人類有更多的潛能在於觀照、覺察。而我們即將在2027年迎來下一次的進化：情緒中心將與過去截然不同（此部分將於第64頁〈情緒中心有定義〉補充說明）。

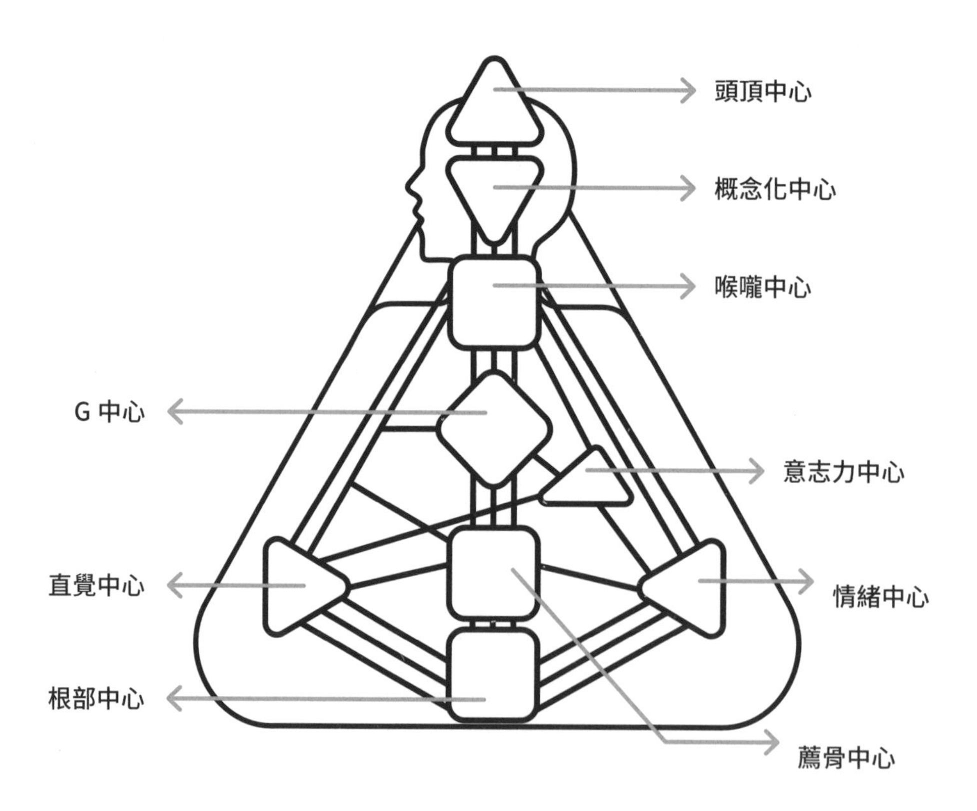

首先，以下是九大能量中心以及其各自代表的主題：

能量中心	主題
頭頂中心（Head Center）	壓力、靈感、問題
概念化中心（Ajna Center）	智識覺察、焦慮
喉嚨中心（Throat Center）	溝通、行動
G 中心（G Center）	自我、愛、生命方向
意志力中心（Heart Center）	自我價值、意志力、自尊
情緒中心（Solar Plexus Center）	情緒覺察、情緒動能、緊張、等待澄澈
脾／直覺中心（Spleen Center）	生存、警覺、免疫系統、直覺、本能
薦骨中心（Sacral Center）	生命力、回應
根部中心（Root Center）	壓力、腎上腺

接著，我們會在每個人的圖上看到為數不等的能量中心被標上了顏色，有些則是空白。在後續詳細介紹每個能量中心之前，先概略說明：

有顏色／有定義（colored / defined centers）：顏色本身並沒有特殊意義，但有標上顏色的能量中心，是因為透過通道連結了兩個不同的能量中心，能量的流動代表它是「固定運作」、「可依靠」、「可信賴」的能量，因此稱之為「有定義的能量中心」。希望大家未來在看到一張圖中，有顏色的能量中心多或少時，不是以為代表好或差，而是「固定運作的多」或是「固定運作的少」。

空白／沒有定義（white / open / undefined centers）：相反地，沒有顏色的能量中心，代表沒有任何通道接通其他能量中心，它不存在一個穩固運作、可信賴的內在真實。然而，這些空白中心正是我們人生中無限可能之處，因為它會像接收器般吸收他人的能量，也是我們此生最容易受到他人和環境影響之處。這樣的影響則是會隨著人生，為我們累積智慧的地方。

閘門（Gates）

每一個能量中心有著為數不等的數字，這些是閘門，是能量中心的出口，帶有該能量中心的特質。若你的圖中有不同的閘門啟動，則代表你擁有該閘門所呈現的具體特徵與遺傳印記。

黑／紅 （Personality / Design）

想像在我們出生的那一刻，做一張宇宙能量的截圖，就是你圖上右側那一排黑色的數字，代表你出生那刻的宇宙能量，顯示出開啟了哪些閘門，這是你的「意識」層面（consciousness），也是我們自己清楚知道的個性。

左手邊的紅色數字則是宇宙在88天前（太陽88度角）的宇宙截圖，代表的是我們的「無意識」層面（unconsciousness）設計，因為是無意識的，我們在意識層面並不能認知到，而是在身體行動層面展現。這些特質除了與遺傳相關，同時也是他人看待你的方式。

將兩張截圖重疊在一起，便造就了完整的你。

通道（Channels）

通道，透過閘門連結了兩個不同能量中心，帶有兩個能量中心、閘門與閘門之間的屬性，但轉化為全新的能量與特質。通道是我們生命的能量流動，是人生當中穩固的運作，也定義了我們每一個人在世界中的面貌。

定義（Definition）

承接前一點講到的通道，通道所連結的能量中心是此生固定運作的設計，是我們有定義的部分。而我們沿著通道，就像在玩「接水管」的遊戲一樣，能量流通的區塊是否彼此連結，還是能量的流動有缺口阻斷？人類圖依照能量流通的連結方式，將我們分為一分人（Single Definition）、二分人（Split Definition）、三分人（Triple Split Definition）以及四分人（Quadruple Split Definition）。

能量場（Aura）

在談能量中心之前，要先從能量場（Aura）開始。人類圖系統有九個能量中心，每個能量中心都有不同的核心主題，使能量之間彼此串連的就是通道，這些通道就是能量的流動方式，是一個人終其一生都存在的生命動能，也因而形成了我們的能量場。

能量場，或是東方習慣稱呼的磁場，它的範圍是一個人的手臂伸直兩倍的穹頂，就像一個無形的氣泡般包住每一個人，雖然看不見也摸不到，但我們每個人都因為自己的生命能量流動方式，有著特定的能量振動模式，用非語言的方式在影響著彼此。

類型（Type）

能量場雖然會因著每一個人的設計藍圖而有感受上的差異，但是，依照能量中心連結的方式，也就是能量的運作上，則有四種不同的形式，以因應不同的能量運作機制。為了減少人生中的阻礙，人類圖提供了相對應的決策。

而這四種不同的能量場，為了方便溝通，也依照其特色分別命名為：生產者（可再細分出顯示生產者）、投射者、顯示者、反映者；個別對應的決定策略則是：等待回應、等待邀請、告知、等待月循環週期。

策略（Strategy）

四種不同的能量場，對應著四種不同的能量運作模式，因此「類型」與「策略」是歸類在一起討論的。依循這個能量場（也就是類型）的運作模式，在「做決定」時，順應自己的策略，才是正確使用自身能量的方式。

內在權威（Inner Authority）

現在，我們已經知道不同的類型，做決定時各有不同的策略，那麼，我們該怎麼知道這個決定「是否正確」？這就要看每一個人的內在權威。內在權威就像是我們的內在導航系統，根據內在權威的指引做決定，是我們獲得自由、拿回自己主導權的方式。

根據人類圖的能量類型，分為以下這六種內在權威：

- 情緒權威（The Emotions Authority）
- 薦骨權威（The Sacral Authority）
- 直覺權威（The Spleen Authority）
- 意志力權威（The Heart / Ego Authority）
- G 中心／自我投射權威（The Self-Projected Authority）
- 無內在權威（No Inner Authority）

非自己與非自己主題（Not-Self / Not-Self Theme）

這個詞很容易讓我們將它簡化為一個標籤，進而否定自己。事實上，我們要從「我們自己有什麼」的角度來看「哪些不屬於我們」。非自己，就是「不屬於我們自己本身」的部分。

當我們緊抓著不屬於自己的部分，而忘了將自己的設計活得精彩、忘了依照自己的類型策略做決定時，四個類型將各自感受到不同的「非自己主題」：憤怒、挫敗、苦澀與失望。

學習人類圖並非要「擺脫」制約和非自己，因為這是一個容易忽視個人獨特性的同質化世界，制約永遠都在，我們要練習的，是在這個充滿框架的世界中，看見真實的自己。

識別特徵（Signature）

當我們能夠依照自己的「類型」，使用特定的「策略」來做決定時，我們所感受到並呈現出來的心理狀態，將分別會是生產者的「因完成而滿足、疲憊但無憾」；投射者的「因協助他人適得其所，感受到彼此的成功」；顯示者的「內心平靜、態度平和」；反映者的「每天都是全新、充滿驚喜的一天，永遠都有新的事情可以體驗和學習。」

人生角色（Profile）

人生角色就是我們在社會中闖蕩的「人設」。這樣的人設，來自八個閘門各六條爻的綜合表現模式，展現出我們每個人「意識」、「無意識」層面，兩種不同的特定面向，影響著我們在日常人際關係中的展現。意識層面的特性是我們有意識認定的個性，而無意識層面則是在無意識間，更真實地呈現我們與他人互動的形象。

輪迴交叉（Incarnation Cross）

輪迴這兩個字並非宗教上的命定論，而是我們人生隨著固定的能量運作、因著自己的類型與策略、憑藉自己做決定的方式行動，不斷地成長、發展自己人生特定的形式。

人類圖當中所提到的輪迴交叉，來自占了我們個性與設計上70％特質的太陽／地球四個閘門，以及我們的人生角色作為背景主題。這個背景主題就像是交響樂，將伴隨著我們在展現個人獨一無二特質時，逐漸浮現（此部分屬於較進階的人類圖內容，本書並不會多加討論）。

活出自己，只是一個開始

認識了基礎的名詞解釋之後，先不急著深入了解每一個細節，這只是幫助我們有了共同的對話基礎，讓我們可以循序漸進地進入人類圖的世界：從「能量中心」開始，理解自己的生命動能如何運作，我們又是如何受到家庭的制約，與同質化世界的影響。

能量中心連結方式決定了我們的能量場形式，也就是我們的類型，四種不同類型各有著不同「做決定的策略」，包含：生產者（包含顯示生產者）、投射者、顯示者、反映者，讓我們在這個世界前進時不至於迷路，進而在人生旅途中，認識其他人的「車輛型號」與自己不同，在「會車」時，減少不必要的道路糾紛。

因此，這趟人類圖學習之旅，讓我們先從認識自身能量的運作開始，再逐步前進到各自的類型、人生策略、內在權威。只有在必要時，才會說明通道及閘門等進階內容，而這並不會在本書中詳加著墨。

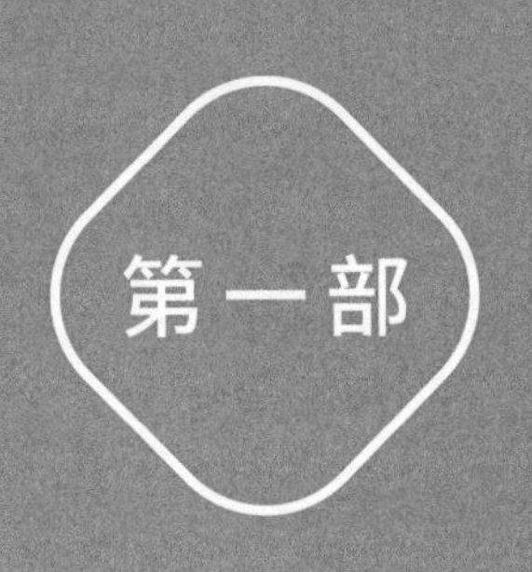

解讀九大能量中心，
找到與世界共處的方式

“成功對抗高壓的平凡煤炭，
終將成為不平凡的鑽石。” ——季辛吉

“A diamond is a chunk of coal that did well under pressure.”
——Henry Kissinger

第一章

兩個壓力中心：頭頂中心、根部中心
——求知欲與時間壓力

對世間萬物抱有疑問
最常想事情
晚上睡不著覺
壓力山大

寫在開始之前：何謂壓力中心？

我們每個人在一天當中都在面對著大大小小、來自內在及外在的壓力，卻又不是那麼清楚它的運作方式，不知道該如何真正地處理。

此外，我們也很容易忽視壓力在我們日常生活中所帶來的影響：因為壓力而行動、因為無法妥善面對壓力而身心俱疲。我們總是在追尋著「如何舒壓」，但壓力是什麼？究竟我們試圖紓解、擺脫的壓力，其「本質」是什麼？

頭頂中心（Head Center）和根部中心（Root Center）兩個能量中心都是壓力中心（Pressure Centers），它們各自帶有不同形式的壓力，就像一個「壓力三明治」般，從上和下地推擠著我們的恐懼、焦慮以及衝動。

接下來的章節，讓我們分別來探索這兩股「壓力」究竟為何。

能量中心	生理上位置	對應主題
頭頂中心	松果體、大腦灰質	思考壓力、靈感、問題
根部中心	腎上腺	時間、生存上的壓力與動力

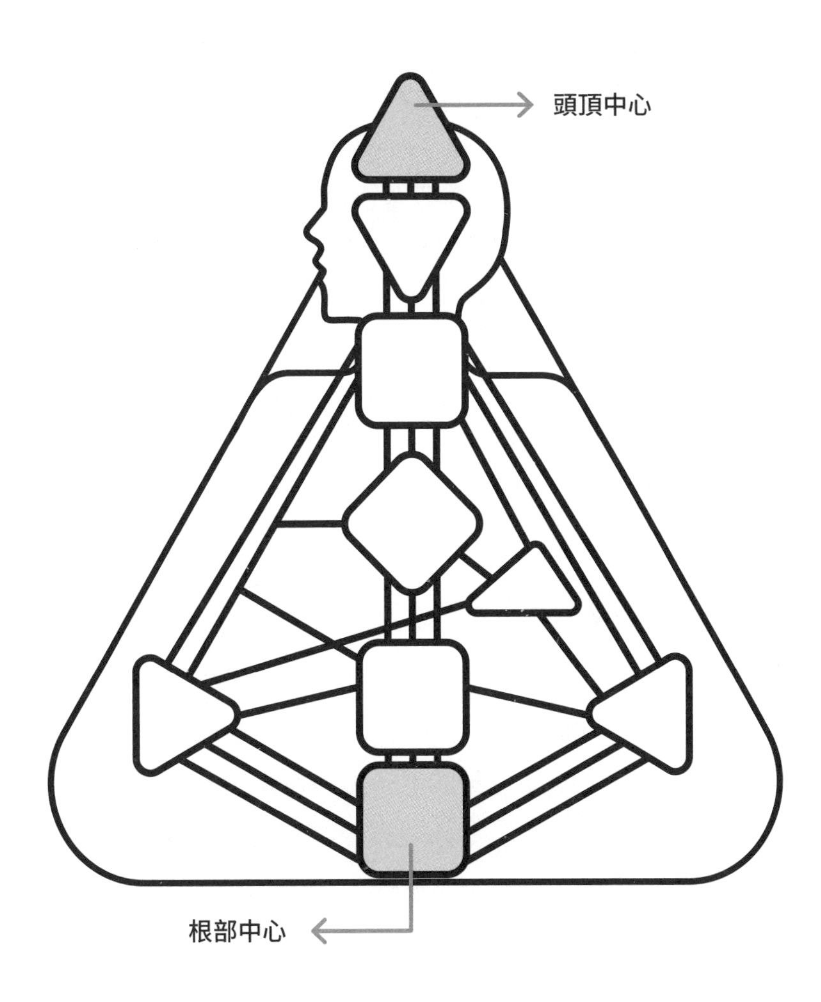

兩大壓力中心的位置分布

頭頂中心有定義：想要解決問題的壓力

頭頂中心（Head Center）在生理上對應著我們腦中的松果體，它所帶來的壓力，是「思考」的壓力。這些壓力具體而言就是「靈感」，是心智層面上的啟發，推動我們去思考。

這些靈感會以「問題」的方式呈現，而這些問題帶著壓力，等待著「被解答」，這是頭頂中心給我們的小陷阱：想要解答問題的壓力，迫使我們做出行動。

持續運作的壓力

頭頂中心總共有三個閘門（64、61、63），若是與對向概念化中心（Ajna Center）的三個閘門（47、24、4）形成通道，那麼頭頂中心便會有固定的能量流動，固定流動的能量可以說是我們的生命動能，這樣的能量流動不會改變，因此，當你的頭頂中心有通道連結，這樣的壓力便是固定的。

當你的頭頂中心被通道固定下來時，舉例來說，會讓你分別產生以下這三種思考，在內心抱持著相對應的疑問，並且以尋求答案的特定方式來展現壓力：

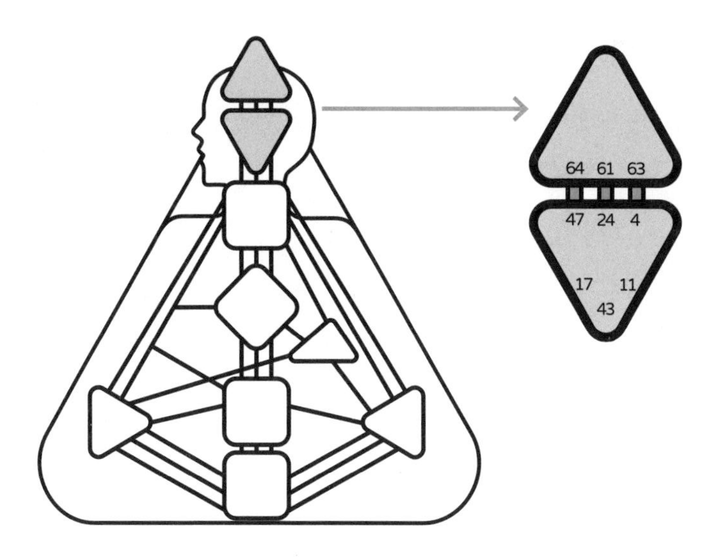

頭頂中心連結概念化中心的三條通道

64-47：抽象的通道

會讓你看著過去的種種，進而產生困惑，試圖釐清人生中所發生的一切。內心疑問是：「我的過去發生了某件事情，是不是因為某個原因？那我可以做出哪些行動？」

61-24：覺知的通道

會對這世界的一切新知充滿好奇，想了解更多神祕的未知，反覆思量。內心疑問是：「有好多未知的事情我想知道，這個世界那麼大，我是否該做點什麼讓大家也知道？」

63-4：邏輯的通道

對於模式、對於未來是否安全、是否合理有著滿滿懷疑，會促使你思考眼前的事物在邏輯上是否說得通。

內心疑問是：「這件事情可以這樣做嗎？這樣行得通嗎？我有個想法，要不要試試看這麼做？」

不論你的設計當中，讓你不斷思考的是過去、現在還是未來，都會容易讓我們聚焦在：「我該如何做，才能解決這些問題？」然而，我們以為自己在試圖解決問題，事實上，我們只是在想辦法減緩壓力。

試圖解決問題的迷思

還記得前述所說的嗎？頭頂中心的壓力，會以「問題」的形式呈現，而我們往往誤以為在找到答案以後，問題就會消失。

然而，壓力並不會因此減輕。

當頭頂中心有定義，代表一定至少有一條的通道連結概念化中心（Ajna Center），這兩個中心合稱為「**心智**」（**Mind**），也就是我們常常說的「頭腦」。因為心智直接對應了我們生理上的頭腦，事實上除了進入睡眠狀態，否則我們是非常依賴頭腦功能的。

這是一個固定運作的機制，當一個人的頭頂中心有定義，代表他終其一生，頭頂中心都是持續施予壓力的。我們可以想像得到，持續思考的結果，就是我們人生中大部分的決定都是「思考」出來的，而我們非常習慣依賴它。

從小到大，在成長、學習的過程當中，頭腦學會了各式各樣做決定的技巧，無論是分析判斷、價值取捨、經驗法則、說不上為什麼的感覺……都是為了讓我們的人生能更加輕鬆簡單。

假設今天我們學了人類圖，頭腦便會開始告訴我們「這就是我的回應」、「這就是邀請」、「這就是正確的感覺」、「等了兩天應該已經感受完整了」等等。要小心，這是一個生理上的機制，讓我們因為壓力而不自覺地思考、解決問題並且試圖行動。

頭腦是提供靈感的外在權威

思考後行動難道有什麼問題嗎？不是都說：「頭腦是個好東西，我希望人人要有一個？」

是的，頭腦是個非常棒的工具，它是人類智識的啟發、靈感以及知識的傳承，但它的本質是個壓力，可以說是我們人生這趟旅程的最佳小助手與祕書，但它不是指引我們前進的正確能量。頭腦並非我們的內在權威，而是可以啟發世界的**外在權威（Outer Authority）**。

人類圖的核心價值在於幫助我們「正確地做決定」，也就是我們的策略與內在權威。而外在權威則是適合成為周遭人們的靈感來源、分析建議的思考能力，絕非解決自身問題的決策方式，因為頭腦並非提供「動能」的中心，沒有動能，我們又要怎麼去執行呢？

不要用頭腦來做決定

我們可以用頭腦來思考重要的事情，像是學習、閱讀、分享、指引、消化資訊，一旦我們使用外在權威來解決自己的問題，便容易陷入二選一的無限迴圈當中。

無論我們選擇哪一個，都不會帶來真正的滿足，因為頭腦永遠都會思考是不是還有另外的可能性，或者平行宇宙裡是否還會有另一個成功或失敗的可能。

因此，試著讓頭腦做它該做的事情，扮演好外在權威的角色，去學習、思考與分享。然而，這並不是一件簡單的事，當我們開始告訴自己要使用相對應的人生策略和內在權威時，頭腦在第一時間往往會產生極大的抗拒。

然而，頭腦不是敵人，它也很努力為我們的人生打拚。現在可以做的，是重新訓練頭腦成為我們的好戰友，它是我們內建的電腦系統，擅長消化、處理並分享所有資訊。但是，做決定時仍要回到我們的內在權威（也就是情緒中心、薦骨中心、直覺中心、意志力中心、G中心）。

試著察覺自己是否被「壓力」推著走，不自覺地想要「解決問題」？是否透過不斷尋找答案，來「合理化」自己所有的行動？

觀照自己是一個開始，讓頭頂中心健康地成為他人靈感的燈塔，而不是阻礙自己前進的絆腳石。

頭頂中心無定義：把別人的問題背在自己身上

複習一下，當一個能量中心沒有定義（空白），代表這個能量中心並沒有通道與其他中心連結，因此，並沒有固定運作的能量，會像強波器般接收、放大他人的能量頻率。頭頂中心無定義，相當於放大了前一節說到的「解決問題的壓力」。

空白的能量中心容易發生一個問題：使我們的心智誤認為我們接收到、體驗到的那些感受是自己的一部分，卻沒有內建固定運作的機制來處理這些外來的能量頻率。

總是想著要解決他人的問題

頭頂中心沒有定義的人，占了這個世界上70%的人口，因此，我們有極高的機率會遇到一個無法排除腦中壓力的人。

可以想像絕大多數的人，腦子裡都被「**別人的壓力**」所填滿，卻沒有固定可靠的運作模式，這將導致他們受到能量場當中的人所影響與制約，比起有定義的人，更容易陷入腦中的困惑和疑問，也更想要解答所有的問題。

在課堂上，幾乎是每一班，總會有同學提出這樣的問題：「有位朋友發生了某些事，我該怎麼跟他說？」當我們打開發問同學的人類圖時，就會發現是因為沒有定義的頭頂中心，其中的壓力正在作祟。

沒有定義的頭頂中心，因為在不同能量場中的啟發，有著不同的靈感、興趣以及問題，尤其是這些問題，沒有定義的頭頂中心總是忙著解決別人的問題。

你是否常常想著：「有個朋友心情不好，我要幫他解決。」「朋友總是太在意別人看法，我該怎麼協助他？」像這樣把別人的煩惱，變成了自己的壓力。

雖然我們都說是「別人的問題」，要練習不再過度替他人擔心，但事實上都是與自己有關的課題。因此真正的困擾，是空白頭頂中心在環境裡大量吸收了與自身相關的各種觀點、影像畫面或問題，導致我們會認為這些都是「必要且重要」的，進而在壓力的驅動下試圖解決它們。

這是在壓力機制下自然發生的結果，因為我們過往的行動大多是壓力所驅使，而非倚靠所屬的策略與內在權威。不過，解決了眼前的這些問題，壓力就會消失嗎？

適時地放空，保持開放的心態

我也曾經是如此雞婆的一個人，在他人沒有前來詢問的時候，便主動提供各種方案，總是替他人擔憂、操心。腦中資訊高速運轉，從來沒有放鬆的一刻，更會想著自己的人生到底錯過了什麼、接下來該怎麼做，不停想著過去與未來，卻忘了活在當下。

這就是沒有定義的頭頂中心，被思考的壓力逼得喘不過氣所導致。

當你陷入「非自己」（被他人制約而導致的混亂）狀態，會覺得腦中思考的壓力必須要「立刻」解決、「馬上」得到答案，且難以清空腦中各式各樣不同的思緒。

然而，空白的頭頂中心並不是被設計用來消化這樣的壓力，也沒有內建那個「必須獲得答案」的能量流動，因此，**自然地放空、發呆才是空白頭頂中心合理的表現。**

置身於激發你靈感的地方

當沒有定義的頭頂中心健康運作時，將會對各種問題與靈感保持開放心態，更能從不同的人和環境獲得新的想法。

頭頂中心空白的你，可能會更喜歡置身於充滿新奇事物的地方，像是美術館、電影院等等，以及和藝術家特質的人或知識分子交流；比起獨處，你或許會更喜歡融入在群體裡，與人們一起聊天，互相交換彼此的觀點，因為這些都是讓你得到啟發的方式。

因此，試著讓壓力自然流動，並享受思考的過程，也接受困惑與疑問都是自然的。而在與身旁的人們互動時（其實就是接受他人啟發的過程），我們現在已經明白，在自然機制的運作下，空白頭頂中心會急著想要解決問題、讓靈感與知識塞滿自己每一刻的思緒，不自覺想要知道更多。

但我們可以練習分辨出哪些想法是令人困惑的，哪些靈感又是能夠鼓舞人心的。這就是空白頭頂中心的智慧：「**分辨出值得思考的問題。**」

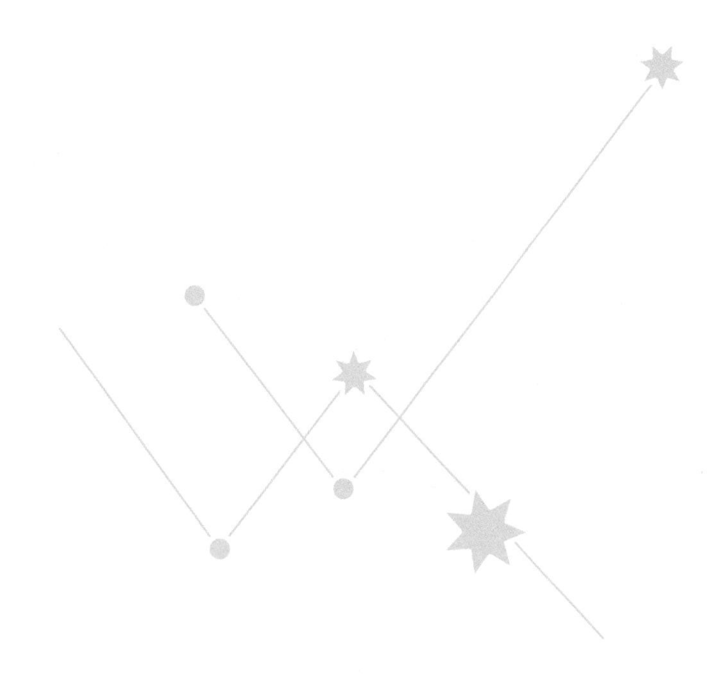

根部中心有定義：生存本能驅使你做出行動

使我們想要「立刻、現在、馬上」解決事情的，除了頭頂中心之外，還有另外一股壓力：根部中心。

根部中心（Root Center）是一個非常強大的能量中心，它不但是壓力中心（Pressure Centers），同時也是動力中心（Motor Centers）。

與頭頂中心相反，這世界上大約有70%的人根部中心是有定義的，也就是內在總有一股固定運作的壓力與動力，固定的方式則取決於連結的是哪一條通道。這個能量中心在生理上對應的就是「腎上腺」。

醫學上對於壓力生理學有相當多的著墨，我們的內分泌系統在交互作用之下，將壓力轉化為生理、心理的變化。雖然生理運作複雜，但我們只需要在最表層的部分，認識壓力中心的運作，便可以理解我們在壓力管理、時間管理、焦慮、情緒等等的表現。

生存的壓力與驅動力

根部中心的壓力，有別於頭頂中心，卻與其緊密相連結。這裡的壓力是我們適應世界、進化的壓力與驅動力，無論你的壓力中心是否有定義，它都是在我們每個人當中最強大的能量。這也是壓力中心沒有直接連結到喉嚨中心的原因（詳見〈第五章：一個顯化中心〉）。

壓力，依據與根部中心有通道連接的能量中心，分為以下三種：

- **根部中心與薦骨中心連結：**你會感受到生理上的壓力，這股壓力決定了這個世界的自然運作方式，連結根部中心與薦骨中心的三條通道，因此被稱為「格式」通道（format channels），驅動你的生命本能前進。
- **根部中心與直覺中心／脾中心連結：**你處理的是與健康、生存警覺相關的壓力。
- **根部中心與情緒中心連結：**這樣的壓力是帶有情緒能量的，讓根部中心的壓力連結了另一個強大的動力，這樣的能量在週期之間起伏，有相對明顯的不穩定性。

面對「必須做點什麼」的壓力

這股壓力加上能量中心的動力，是我們意識層面的驅動力，驅使我們顯化（manifest）生活中的大小事情，也就是想實現內心各種願望（或慾望）的企圖。

然而，當我們想將壓力化為前進的動力時，總是會忽視一件事：沒有人的內在權威是壓力中心，也沒有人的人生策略是壓力。簡單來說，壓力不是我們用來做決策的工具。

壓力是我們無法逃避的事情，我們要做的是學會試著運用壓力來完成一個又一個的目標；而非淪為壓力的受害者，不停地發起（initiate）一件又一件新的事情，又因為體內熊熊燃燒的能量，而誤以為你對這些壓力有所回應。

規劃自己的時間表，尊重他人的速度

壓力若要化為助力，可以從「如何安排你的時間」來著手。先來歸納一下前述的重點：

- **頭頂中心的壓力**：以靈感與問題的形式展現。
- **根部中心的壓力**：以「時間感」的形式呈現。

當根部中心有定義時，就像身體裡有一個定時的壓力鍋正在熬煮，至於什麼時候要起鍋呢？通常都是身旁的人比自己還緊張。若是定時的壓力鍋倒還好，會有一定的時間規劃安排，但有時這樣的固定運作就像是所謂的「不見棺材不掉淚」，根部中心有定義的人，會習慣把自己的時程表排滿，還會事事壓底線，不自覺出現拖延的症狀。

我以自身的經驗為例，我是一個根部中心有定義、接了三條通道的人，我在赴約時，例如開課或開會，都會在腦中計算我大概要花多久時間到達車站，搭哪一班車可以讓我悠哉地到達目的地。不用急，可以慢慢走，我不喜歡急急忙忙地到達，要壓線到達也可以，但寬裕的預備時間是讓我內在舒服的時間感。

但是我也必須坦承，在這本書出版的過程當中，我壓底線的問題非常嚴重，才不只是不見棺材不掉淚呢，我都把棺材蓋成皇陵那麼大了，編輯還有行銷都一起成為了兵馬俑。不過，這是我的內在承受得住那個截稿壓力，不代表我就理所當然可以壓線交稿（編輯狀態顯示為壓力山大）。有定義的根部中心，其中一項健康的運作方式，**就是不要帶給身旁的人壓力，這大多數都是在指時間感的運作。**

事實上，這個能量中心健康的運作，除了對於自己內在的壓力感到自在，不會因壓力而發起各種活動，同時也會注意到根部中心沒有定義的人，並非設計來處理這些壓力的，所以不會將這些時間壓力加諸在他人身上。而是會依照自己的策略，在適當的時間內，正確地進行每一項活動（第43頁的〈COLUMN〉，會再進一步討論如何轉化日常壓力）。

根部中心無定義：把時間調快十五分鐘

其實，任何沒有定義的能量中心，運作出來就是有定義的樣子，只是被放大，但又沒有內建的機制能消化處理這樣的能量。這也使得我們被強大的能量制約，容易感到焦躁不安。

然而，空白沒有定義的根部中心，並非設計來處理這種時間上的壓力。根部中心無定義的人只要一想到待辦事項，就會變得更加焦慮，嚴重時還會逃避重要的事情，分心去做其他事，甚至將主要任務拖到最後一刻才完成。

世界上最急性子的人

就像頭頂中心沒有定義的人一樣，空白根部中心也會本能地想要「擺脫」這股如影隨形的壓力。

根部中心的壓力以「**時間感**」作為表現，使我們容易產生一個幻覺：「是不是只要我早點把這件事情做完，就可以擺脫這個壓力了？」但這並不現實，壓力不是「事件」，壓力是一股能量，而能量不會消失，就像頭頂中心會遇到的問題一樣：解決了一個，緊接著下一個壓力馬上就會出現。

因此，空白根部中心可以說是「最急性子」的設計了。

30% 屬於相對少數，我們可以想像空白沒有定義的根部中心遇到另一個有定義的人，比遇到真愛容易多了。他們不停地吸收、放大這樣的壓力頻率，導致他們被「快一點」的魔咒驅動著。舉例來說，根部中心空白的人比較容易對他人的任務交期窮追不捨，照三餐問候合作對象的工作進度。

不要忘了，這個能量中心對應著腎上腺素。有些人就像是「腎上腺素上癮」一樣，享受腎上腺素爆棚的快感，動作又快又急、行程表又滿又累，卻沒有讓自己好好休息。而另一部分的人，則會因為無法承受這樣的壓力，在遇到壓力事件時，會呈現僵住、無法動彈也無法妥善處理的狀態。

與壓力和平共處

當這個能量中心空白無定義時，還需要提醒的是，這是一個高動能、高壓的設計，許多時候會展現出「**過動**」（**hyperactivity**）的問題，使他們的注意力無法集中，被他人認為一心多用而無法把事情做好。這樣的行為展現，也時常遭受社會的責難與批判。

除了藥物控制、心理治療，我們還有一個做法：理解壓力的本質是一個動能的頻率，停止再繼續將這股能量當作自己的一部分，並且明白你的目標並不是擺脫壓力，而是短暫地利用動能完成有回應的事情，或是藉由正確的策略與內在權威避開不必要的壓力。

舉例而言，老闆同時交辦了多項任務，根部中心空白的人如果沒有好好觀照自己的行為，很容易因為事情太多、目標設定太高，變成每件事情都開始做一點，執行到一半卻又分心，或者無法妥善安排時間，而急急忙忙地開啟另一個待辦事項。

也有些人會因為承受太大壓力，將急躁和壓力表現在所有行動上；有些人則會因為壓力過大而無法處理壓力事件。此時建議將任務目標「**階段化**」，對於無法「慢下來」的根部中心無定義者來說，可以因此減緩「任務無法從待辦清單上劃掉」的壓力，或者無法承受壓力而感到焦慮的人，也可以從完成「階段性任務」之中獲得成就感。

COLUMN

如何緩解我們無法轉化的日常壓力？

▶ 合理化的陷阱

在這個同質化的世界，壓力是我們在「去制約」過程中最容易忽略的部分。在教學的經驗中，我時常看見學生很難回到策略與權威的原因，其實正來自頭頂中心及根部中心：因為想要快一點解決問題，合理化接下來的行動，以為你一頭熱栽進去就是所謂的回應、邀請以及正確的發起。

而這兩個壓力中心，無論有定義和沒有定義「都有」這種狀況，也就是頭腦會將壓力理解為一個應該要加以排除的負面狀態。在第二部裡，我們會詳加介紹每個類型正確的運作方式，但是在此之前，必須花些篇幅重複提醒的是，**壓力會使我們「合理化」某些行動**，讓你不自覺認為：我必須完成這個、解決那個、我得加緊腳步行動、我需要想通某件事、我該把行程排滿、我怎麼都沒有靈感？

這樣的思考迴路，使我們不斷地條列著未來的待辦事項，苦惱於事情太多，而時間卻遠遠不夠用。

▶ 放下事情未完成的焦慮

覺得自己在這個資訊爆炸的時代無法專注嗎？總是很急躁地想要完成各個任務，卻沒有一件事情能真正完成？累積在心裡的壓力一天比一天多，身體也一天比一天疲憊，每天晚上休息過後並沒有讓你得到完整復原，而結束工作的成就感也不足以回報自己的付出。

心理學有一個名詞叫做「柴嘉尼效應」（Zeigarnik Effect），也就是比起那些已經完成的工作，我們更傾向記得那些尚未完成的事。

在日常生活裡，頭頂中心對於思考的壓力，配合上根部中心對於完成事情的壓力，綜合起來會引發我們內心極大的焦慮，覺得還有好多事情沒完成。我們很容易在工作到一半時，因為新進來的信件或訊息，甚至有事找你的同事等，而中斷了原本的行程，習慣認為自己應該「現在、立刻、馬上」就起身完成新的突發事件。

但是在認識壓力的本質之後，我們可以試著先把突發事件、突如其來的靈感記錄下來，因為當我們將其「記錄」下來後，我們的頭腦便會自動將其解讀為「已完成」，等到工作到一個段落，例如下班前、睡前，再花一點時間將工作分類，你會驚訝地發現，有些事情「不需要著急」，甚至「不需要解決」。

碳，在平時只是碳，但在高壓下它將成為鑽石。

POINT 正確面對壓力的方法

- 認識壓力的來源，正確認知到某些我們無法也不需要消滅的壓力。
- 善用壓力完成階段性目標。
- 有效避免不需要緊急處理的壓力，也就是依照你的策略與權威來做決定。

“你想要的所有東西，
都在跨越恐懼的那一端。” ——傑克・坎菲爾

“Everything you want is on the other side of fear.”
——Jack Canfield

第二章

三個察覺中心：概念化中心、情緒中心、直覺中心
——恐懼與覺察

固執己見
情緒起伏太波動
缺乏安全感

2

寫在開始之前：何謂察覺中心？

在九大能量中心裡，只有概念化中心（Ajna Center）、情緒中心（Solar Plexus Center）、直覺／脾中心（Spleen Center）這三個能量中心是有「察覺能力（awareness）」的，其他六個能量中心都是「機械式運作（mechanics）」。

而以上這三個能量中心各自帶有不同的恐懼，分別表現出來的是：焦慮、緊張與警覺。透過這些恐懼，讓我們在人生當中，累積對生命的覺察。

換句話說，無論這三個能量中心是否有定義，你都是以這三個能量中心的設計來「認識這個世界」的。那麼，我們過去都是怎麼理解人生中大大小小的事件呢？我們所留下的是恐懼還是覺察？

能量中心	生理上位置	對應主題
概念化中心	腦下垂體、新皮質、視覺	智識覺察、理解與思考、焦慮
情緒中心	神經系統、胰、腎、肺臟	情緒覺察與動能、週期性運作緊張
直覺中心	脾臟、免疫系統、T 細胞	生存覺察、警覺、直覺、本能

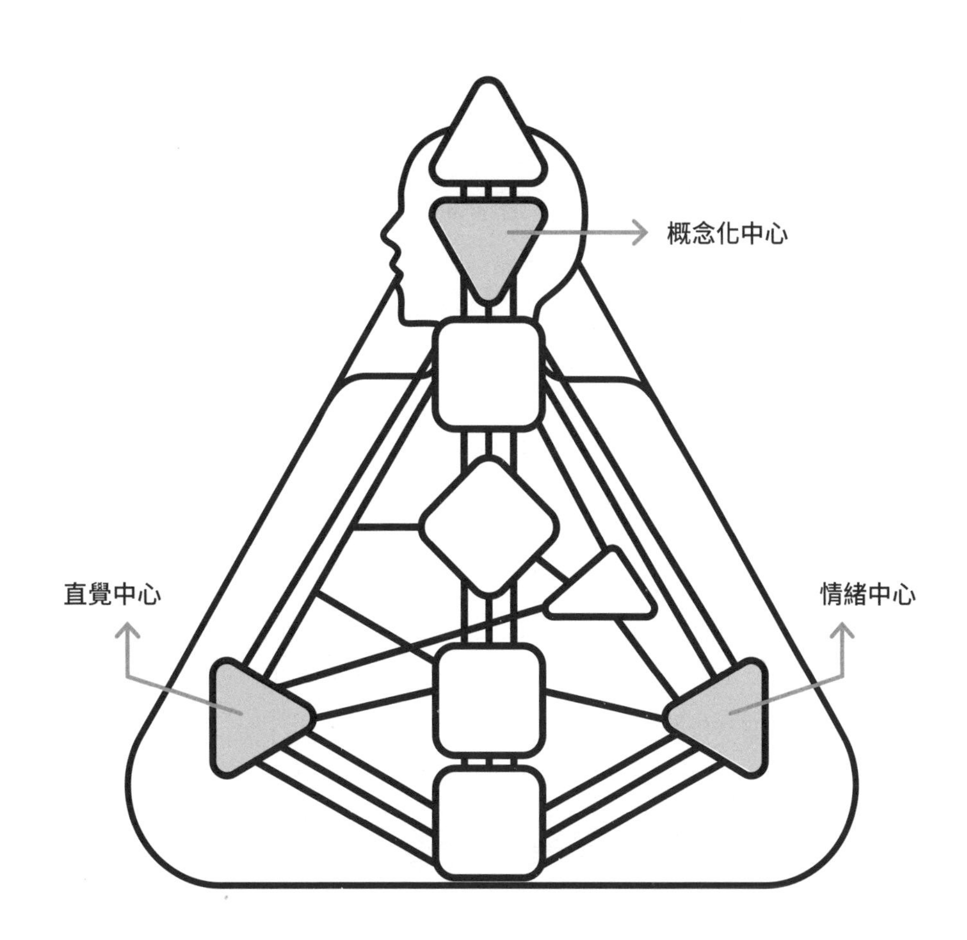

三個察覺中心分別的位置

概念化中心有定義：擁有固定的思考迴路

概念化中心（Ajna Center）舊稱邏輯中心，但因為我們接下來會介紹到這個能量中心的不同思考迴路，其中的邏輯迴路（Understanding／Logic Circuit）比較接近中文的語義，為了將兩者區分開來，因此在翻譯上將邏輯中心調整為概念化中心。

概念化中心，顧名思義，它是我們「概念化」這個世界的方式，與頭頂中心合稱「心智」（Mind），也就是我們的「頭腦」。

我們日常所見所聞、吸收到的資訊，會結合頭頂中心的壓力，以靈感與問題的形式向下加壓，接著在概念化中心裡消化、轉譯成我們對這個世界的認知。概念化中心的功能就是將資訊概念化、分類、分析，再進一步研究與探索。

固定的思考迴路：三種合理化世界的方式

當我們的概念化中心有定義，便形成了一個「固定」的思考方式，這個持續運作的能量流動，使我們的思緒運轉、思考、分析與判斷，像便利商店一樣24小時不打烊。

屬於「智人」物種的我們，尤其在過去七大能量中心的時代，十分仰賴頭腦的運作，人類的智識發展也被視為第一要務。七大能量中心所奠定的基礎，直到1781年來到了九大能量中心的世界後，才讓人類有了更多覺察的可能。

然而，我們「**依賴頭腦（頭頂中心＋概念化中心）做決定的習慣**」並沒有改變。頭腦就像電腦一樣幫助我們解釋、分析各種資訊：不論是過往的經驗、可能的推斷，還是突然的啟發，頭腦都只是被壓力所驅動的「事後分析檢驗員」。

事後分析檢驗員其中一個很重要的工作，就是依據它特定的能量流動方式（通道），將我們經歷到的事件「用特定的方式」轉化成看待世界的濾鏡。簡單來說，概念化中心就等同於**電腦的分析處理器，負責轉譯我們頭腦的想法**。當一個人的概念化中心有定義時，會形成一個特定的思路，要跟這樣設計的人溝通，則必須和他擁有一樣的思考方式。

而頭腦處理資訊的方式分成以下三種，根據不同通道形成的迴路來做區分，包含感知迴路、理解迴路、覺知迴路。

感知迴路：64-47抽象的通道、11-56好奇的通道

感知迴路的人擁有的困惑，在於持續處理「過去到現在」的人生出了哪些問題，試圖在過去的記憶中尋找未來的答案。他們會持續地思考著過往人生所經歷的一切，將現在發生的事情對照過往經驗。

這樣的思考方式像是沒有標上順序的「連連看」遊戲，不斷地將記憶中的每一個點做連結，試圖畫出合理的圖案。然而，與情緒中心深深連結的感知迴路其實是需要時間沉澱的。有這樣設計的人請謹記一個原則：「隨著時間的開展，有一天，令你感到困惑的事情終究會解開。」

除此之外，這也是一個「跑畫面」的設計。舉例來說：

從事編輯工作的小許（見圖一）儘管整體設計中，是追求未來穩定模式、批判性強的理解迴路通道居多（9-52通道、16-48通道、18號閘門），但是因為她在概念化中心有一個感知迴路的「**11號閘門**」，使她思考時會用過往記憶的畫面來做模式推演。有點像是吃了哆啦A夢的記憶吐司，同樣是在思考某一個觀念，她會先想到的是，曾經在哪本書的哪個位置看過這段文字，自然浮現出具體的影像畫面，然後再開始進行思考。

理解迴路：63-4邏輯的通道、17-62接受的通道

擁有理解迴路（又稱邏輯迴路）的人，會將「現在投射到未來」，試圖找出更好的模式，並且對每一個當下充滿疑問和懷疑。理解迴路追求的是一個合乎邏輯、有推論基礎的模式與脈絡，讓未來可以更安全與進步。

這樣的思考方式奠基於「懷疑」之上，因此，「為什麼？」「是嗎？」「好嗎？」將會是你腦中不停浮現的壓力。有這樣設計的人容

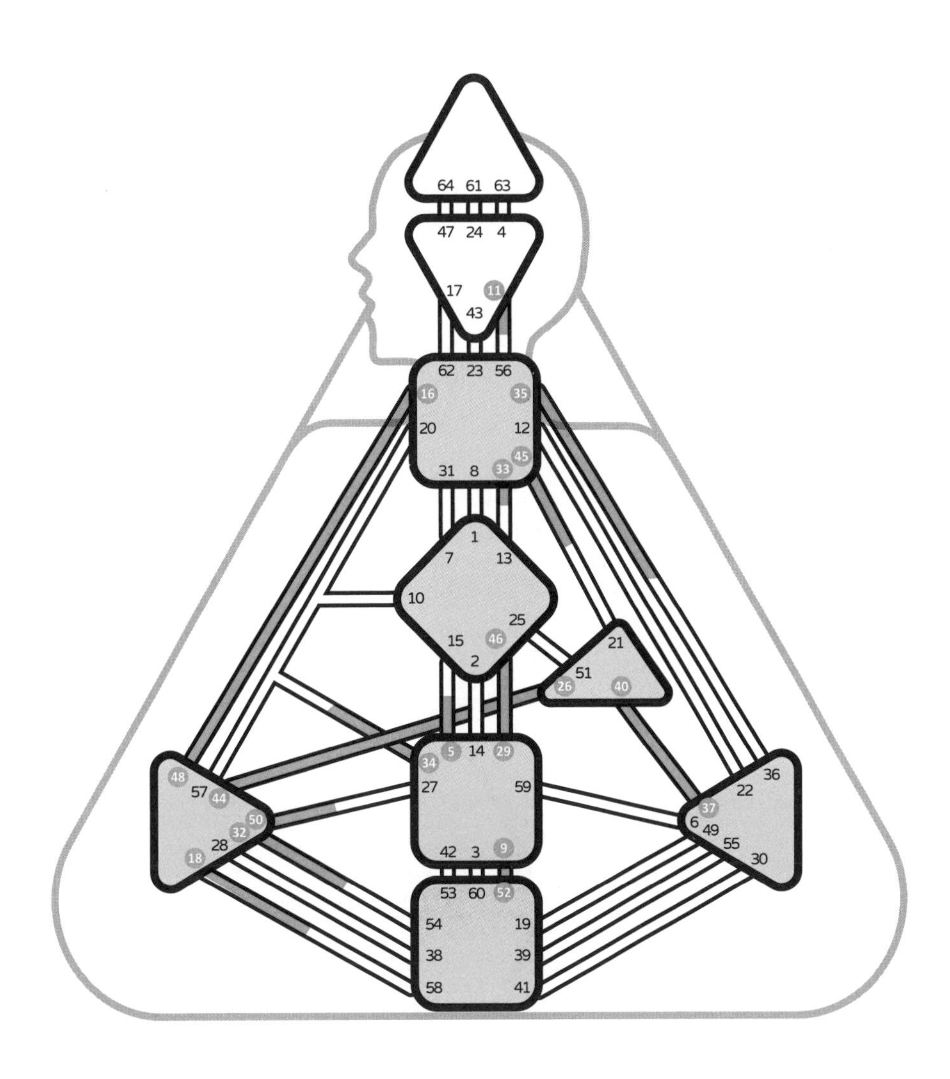
64 61 63
47 24 4
17 11
43
62 23 56
16 35
20 12
45
31 8 33
1
7 13
10
25
15 46
2
21
51
26 40
5 14 29
34
27 59
48
57 44
50
32
28
18
42 3 9
37
36
22
6
49
55
30
53 60 52
54 19
38 39
58 41

圖一 人類圖設計案例

易**以問句來包裝自己的評論**，像是和同事討論工作時說道：「你不覺得這樣做比較好嗎？」但此時他的心中其實早已有定論。然而，要知道答案只是答案，並不是世界上唯一真理，也許下次可以換個說話方式，例如：「我們一起試試這個新方法，怎麼樣？」

除此之外，這也是一個「理性思考」的設計。舉例來說：

另一位從事編輯工作的小李（見圖二），擁有「**63號閘門**」的她，因為腦中迴路跟小許不同，不會有那麼立即性的畫面，一樣是在討論某一個概念，小李腦中出現的是「打字機般的文字」，需要刻意回想，才會浮現曾經在哪本書中看過。這跟吃了記憶吐司的小許（設計如第53頁的圖一）不同，兩位編輯若是要討論某一個概念，就不能只用單方的思考模式，需要綜合一下，才能配合彼此不同的切入點。

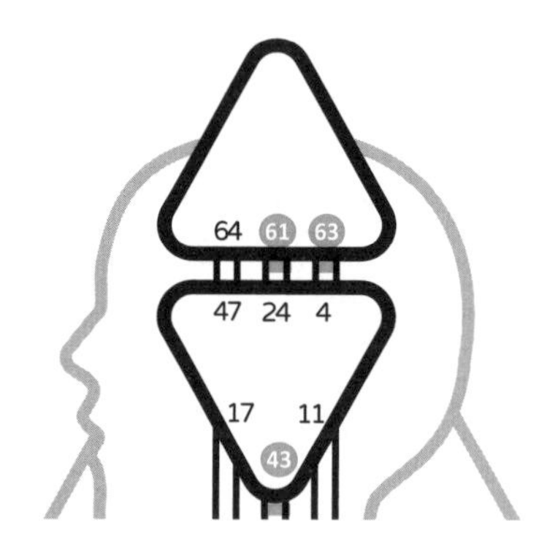

圖二 頭頂中心連結概念化中心的通道設計案例

覺知迴路：61–24察覺的通道、43–23架構的通道

存在覺知迴路的人，會不停思索這個世界上有沒有更多未知。在那神祕的謎團當中，能不能找到自己？前兩個迴路都與視覺相關，覺知迴路則與聽覺相連。他們最大的願望也許就是，除了音樂以外，腦海中持續出現的雜音可以偶爾暫停下來。

這樣的覺知沒有經驗、也沒有邏輯推理支持，因此，他們要表達自己是相對困難的。他們的難題在於，**儘管擁有自己的想法，卻難以向他人好好地解釋**。這也造成他們在反覆思量的過程中，容易頭昏腦脹，或者容易在錯誤時間表達意見而被拒絕。

此外，如同前面提過的，覺知迴路的概念化中心，腦中時常有音樂或對話的聲音在旋繞。

比方說，上述例子中的小李（如圖二），因為有「**61號閘門**」，她雖然思考時腦中沒有跑出畫面，但卻會出現聲音。有時頭腦思緒過於繁雜時，聽聽與自己同頻的音樂是有助於冷靜的，建議使用類似柴火或雨聲的白噪音，讓頭腦安靜下來，甚至獲得更多的覺知。

每個人都會使用一個或多個路徑，轉譯接收到的資訊、合理化所有的體驗，這也是我們合理化人生的一種方式。而當一個人的概念化中心有定義，無論接收到什麼樣的資訊，都有一個特定的理解模式，就像是同一個模具的製麵機，任何麵團丟進去，都會壓出同一種形狀的麵條。

比方說，我在與概念化中心有定義的母親介紹人類圖時，因為她是一位虔誠的基督徒，所以她擔憂人類圖這個依據「出生時間」的工具跟算命很像。無論我解釋多少次，這是幫助我們活出自己天生樣貌的工具，並非預測未來的算命，她都聽不進去，直到某天我改變說詞：「上帝創造出每個人獨一無二的模樣，很感謝主讓我們得到這樣一個工具，可以活出上帝創造我們的美好。」我媽就接受了。我的說詞其實沒有改變，只是套上了她聽得懂的名詞，因為那是她固定思考的方式。

事實上，這個「合理化」的過程難以避免，概念化中心有定義的人常常會**依賴這些「特定的想法」來做決策**。然而，我們可以做的覺察練習是：依據所屬的人類圖類型，回到自己的策略與權威。

背後的覺察與恐懼：你焦慮的原因為何？

三個察覺中心都帶有恐懼，然而，若我們能穿越這份恐懼，便能看見覺察的可能。

概念化中心的恐懼包括了對自己或他人的困惑、無法理解他人或難以被人理解，進而形成了在智識層面的焦慮。這樣的焦慮，驅動我們試著清楚表達想法、釐清腦中思緒，當我們對外的溝通不如預期時，焦慮便會浮現。

以下簡單地介紹概念化中心當中，三種不同的焦慮模式。

感知迴路：尋找過去事件的解釋

感知迴路的核心關鍵在體驗，這些體驗在概念化中心的運作中，持續轉換成我們對人生的認知與價值體系，也就是不斷地在生命經驗中尋找答案。

但這樣的答案並不會是事實的全貌，只是個人當下片段的體驗。它焦慮的是在已經發生的大小事件中，找到合理的原因，如果找不到理由解釋自己的人生，就會在過往人生經驗中看不見希望。

理解迴路：歸納出理性的證據

理解迴路致力於追求未來模式的安全與安穩，在概念化中心當中，我們持續思索的，就是對每一件事情的答案，並將這些答案歸納出一個公式。

非常容易發生「只看見符合既定答案的事實」，而非「藉由既定事實推測可能」。這是一個邏輯思考的迴路，但符合邏輯的思考，並不一定是事情的真相。

它讓你焦慮的，是一切思緒的混亂、資訊不夠完整，而導致自身的意見被挑戰，因此不斷找尋符合自身思考模式的證據。

覺知迴路：害怕自己的想法得不到認可

覺知迴路底層的焦慮，就是無法表達內心的想法、沒有人想聽自己的意見、自身獨特的覺知不被接受。

這些獨特覺知並非刻意為之，而是自己存在的一部分，雖然沒有經驗法則或理性思考作為根基，但它就是自身的真實。如果這樣的想法不被接受，那麼，是不是代表我這個人本身不被接受？這是深植在「個體人」當中的憂鬱與恐懼。

人類圖36條通道，依照其連結方式，可分為覺知迴路、理解迴路、感知迴路、意志力迴路、中央迴路、防護迴路、整合型通道，每個迴路都會有它相對應的「關鍵字」。

而所謂個體人設計（individual）的代表，分別是覺知迴路與中央迴路，其關鍵字是「使他人獲得掌握自主權的力量」，也就是所謂的賦權（empowerment），可以藉由自身的行為來激勵眾人。而個體人的行為沒有固定的模式，這也是他們擔心自己的獨特性，無法被大眾所接受的原因。

另外，個體人能夠帶來「突變」（mutation），因此，若能將自己獨一無二的設計妥善表達出來，將帶給這個世界不一樣的變化與無限可能性，這就是突變的真義。（這部分屬於較進階的人類圖內容，本書不多加討論。）

外在權威將幫助我們分析外在事件

這些焦慮，使我們容易忘記「概念化中心與頭頂中心一樣，都是外在權威」。不論是哪一個迴路的焦慮，其實都是促使我們察覺這個世界，觀察、歸納、推論以及學習。

當概念化中心有定義的人健康運作時，可以享受整個思考的過程，用特定的方式思考而不受影響，並且清楚表達頭腦中的思緒，能使他人在正確的壓力下思考並受到特定的啟發。

但固定運作的焦慮，容易使我們偏離這樣的健康運作。

概念化中心有定義的人，受苦於過度信賴腦中的思緒，卻時常發現這世界並不完全如他們所想像，也無法真正明白其他人不同的思考方式；他們容易執著於實行腦中的各種答案，讓頭腦主宰人生，卻沒有真正的動能，最後反而挫折於事情不如自己所預期。

概念化中心無定義：容易想太多或是放棄思考

空白的能量中心不固定運作，但卻放大了這樣的能量頻率。這樣的設計是開放且能夠彈性思考各式各樣的概念，不固著在特定的思維與信念上。

固不固定的思緒而引發的焦慮

彈性思考聽起來很正面，但事實上，對沒有定義的人來說，這是一種人生的不確定感。

儘管概念化中心有定義的人，也會認為自己相當「有彈性」，但其實他們只能在特定的脈絡當中，用特定的方式理解這個世界。簡單來說，他們的彈性是有「向度」的。

但對於概念化中心沒有定義的人而言，這種彈性代表著他**「無法持續地用同一種方式理解世界」**。當身邊概念化中心有定義的人理所當然地照自己的方式思考著，空白的人卻無法如此心安理得，導致空白的人前一刻還深信不疑，轉眼間卻開始懷疑人生，不禁想著：「這個說法很有道理，但好像另一個說法也沒有問題？」

「是不是我很奇怪？因為大家看起來都很篤定⋯⋯」從學生時期開始，空白概念化中心的人便會不斷質疑自己：「明明老師上課時我聽得很明白，但為什麼回家複習的時候又讀不懂了？」諸如此類的煩惱，引發了他們極大的焦慮。

一知半解或放棄思考

「假裝確定好了。」這是概念化中心沒有定義的人，長期下來最容易產生的想法，至少，不能被發現自己其實不太確定。有定義的概念化中心，有著固定的焦慮與思緒，沒有定義的人們則是被這些人的焦慮所影響、被他們的思緒所啟發，想著這些也許對自己本身並不重要的事情，並且想要跟其他人一樣感受那種肯定。

為了假裝確定，第一個要說服的就是自己。因此，有許多概念化中心空白的人在學習上容易淺嚐即止，因為**「不過度深入追究」**是最容易排除疑問的方式。根據每個人不同的設計綜合起來，某些人會用以上的方式來安撫自己；另一群同樣沒有定義的人，則會執著於得到肯定的答案，而**不斷追根究底。**

然而，無論是哪一種方式，概念化中心都不該是用來煩惱焦慮，甚至是拿來折磨自己的工具。沒有定義的概念化中心，健康的運作方式反而應該是「享受這樣的不確定」。

彈性思考：你是研究者的代表

因為不確定，所以會持續研究與學習；因為不確定，便能夠接納所有思考的可能性；因為不確定，所以沒有固定的思考脈絡。也由於想法具有彈性的關係，讓你可以跳脫出既有的思考框架。

概念化中心沒定義的人，擅長在腦力激盪的會議中產生驚人的創意，常常能提供多元的觀念和源源不絕的靈感，在團隊討論中，也比較能夠接受他人的想法。

然而，你是否曾經試圖說服他人接受自己的想法？想著：明明有著更好的方法或概念，為什麼對方沒有想過？然後漸漸地，在努力給他人不一樣觀點的過程當中，越來越堅持己見，反而成為了一個固執卻又難以聽進別人建議的人。

沒有定義的概念化中心雖然是一個彈性思考的設計，卻也因為能夠看見各式各樣的可能性，會希望別人也能和自己一樣。比如說，你覺得 A 有道理、B 也沒錯，C 稍微調整一下也有一些可取之處；但是當你與有定義的人相處時，看到他們堅持用 A 的做法，反而會想要說服對方接受其他選擇。

在這樣的溝通情境中，誰才是「固執」的那一方呢？當彈性思考的設計，試圖改變固定思考的人，讓自己因此更加執著，是不是反而失去了空白中心的彈性？

許多學術界中的開創性代表人物，都是概念化中心空白的設計，像是愛因斯坦、佛洛伊德、榮格、居禮夫人等等。沒有定義的概念化中心，健康的展現模式，是辨識出**哪些想法具有價值、哪些事情值得思考**。他們享受思考的過程，卻不受限於思考本身，接受自己永遠都無法真正地確定，讓腦中的思緒與壓力自由地來來去去。

情緒中心有定義：
隨著週期而起伏的情緒

情緒中心（Solar Plexus Center），掌管著我們日常生活中常提到的情緒能量（emotion）。全世界有50%的人口是固定運作的，另外50%的人則沒有定義，也就是說，我們有一半的機率，會遇到一個情緒表現方式跟自己截然不同的人。

這正是本節的重點，對這股動能運作原理的不理解，使得情緒成為我們每一個人的課題，更是人際關係中影響和諧的誤區。

3＋1種週期

情緒中心是三個察覺中心當中，最新進化且尚在進化中的，它不但是三個覺察中心當中最強烈運作的，同時也具有動力中心的動能頻率，使得情緒的察覺在週期間發生變化。而2027年後，我們將迎來情緒中心最終的進化：它不再屬於動能中心，而是演變成純粹的察覺中心。

2027年後的未來世界，靈性的情緒覺察將會成為世界舞台的主角，進化後的情緒中心將以意識本質共振的方式來相互溝通，但我們沒有人可以確切地知道，也很難想像未來世界究竟要如何溝通情緒，而我們現階段能做的，就是開始學習在這個階段的情緒運作方式。

當一個人的情緒中心有通道接通，就會有個內在固定運作的情緒週期波，相信大家都聽過有定義的情緒中心要練習「記錄情緒週期」，在開始說明這樣的情緒動能對我們日常生活的影響之前，先簡單介紹這「3＋1」種情緒週期波：

個體波（Individual Wave）：39-55通道、22-12通道

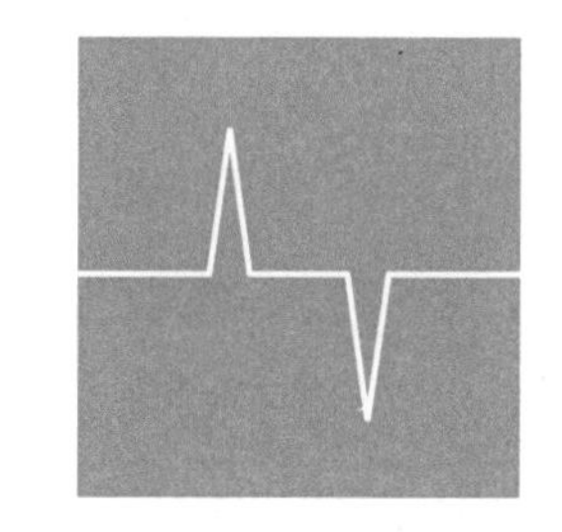

如果你的設計中有這兩條通道的任一條，情緒週期的波動將以尖刺狀的方式陡升、陡降，有點像是心電圖，而多數時候則是以相對平穩的節奏在運作。擁有這樣設計的人，在日常中大多情緒穩定，但偶爾會出現情緒化的狀況，如出現突然飆高或突然失去一切動能的感受。

抽象波（Abstract Wave）：41-30通道、36-35通道

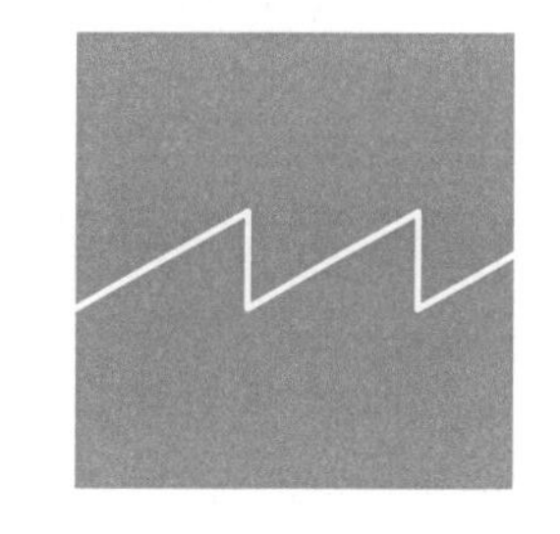

有這兩條通道的設計，情緒動能的走向是「隨著希望而向上，隨著失望而崩落」。這股能量內含著強烈的渴望與感受，偏偏我們的頭腦（心智）非常容易落入這個陷阱，隨著情緒累積而對事件的發展充滿期待，但在情緒來到低點時，卻又突然感覺到世界崩毀。

部落波（Tribal Wave）：19-49通道、37-40通道

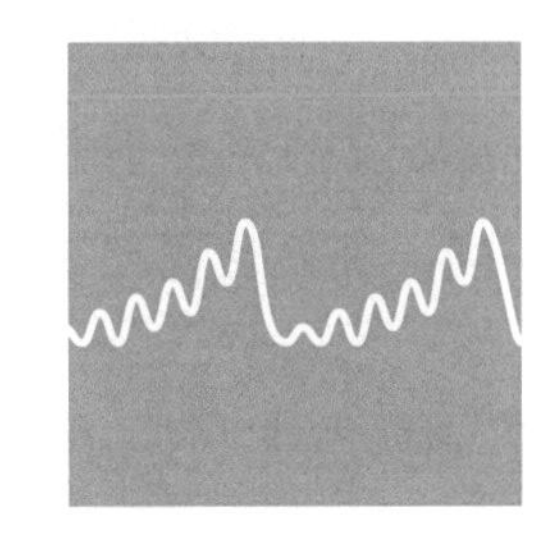

只要講到部落，必然與需求相關。部落波的情緒容易上上下下、以荊棘狀波動累積，可能一天當中就會有些微的起伏，而在累積到最高點後，便以爆炸式的方式崩落，歸零之後的情緒將重新累積。

一切波動機制的源頭：6-59通道

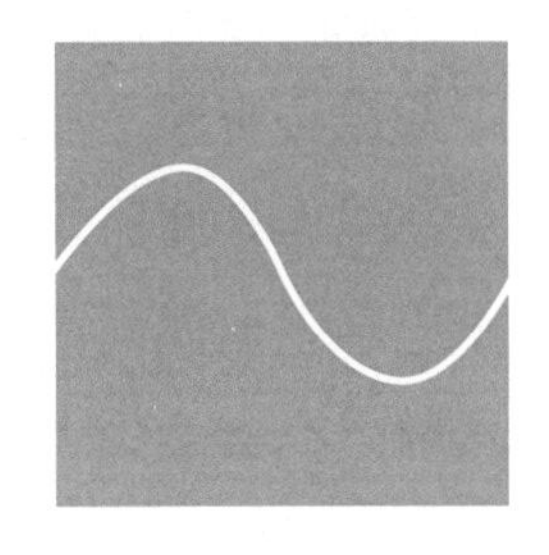

這是一條能量非常強大的通道，同時包含了以上三種不同的波動機制。它不但是驅動連結的強大能量，也是打破藩籬的設計，最具穿透性，但也是在情緒覺察中，最為複雜的通道。

簡而言之，當你的情緒中心有定義，內在必定有一個固定的情緒起伏。試著對照你的人類圖設計，來觀察看看自己的情緒週期吧。

情緒動能的高點與低點

在此要特別提醒的是，情緒的週期其實是一個「動能」。很多人會忘記情緒除了「感受上的覺察」之外，它還是一個非常強大的「動能」，不論是哪一條通道，在週期的高點時，也相當於處在「動能的高點」。

換言之，「高點」不單單是指情緒上的「開心」，包括「生氣、憤怒、戰鬥力十足」等等。當你處在「情緒的高點」時，最容易出現「**情緒衝動**」。

我們的頭腦（心智）會告訴我們：「這麼強烈的感受，一定是我內心最真實的聲音吧，是我的內在真實！」如果是情緒型的生產者，此時最容易誤認為這就是所謂的「回應」，因為內在有著強大的驅動力嗡嗡作響。

但同樣一件事情，在不同的動能狀態下，會有截然不同的感受，尤其是在情緒週期的動能低點，那個動不了、沒有動力做點什麼的感覺，會讓再怎麼值得喜悅的事情，都蒙上了一層陰影。

而且，需要強調的是，這樣的動能是「沒有原因」的。

人們從小到大，總是幫自己的情緒起伏找了各種解釋：「今天一早起床就對各種小事情大發雷霆，一定是昨晚做了噩夢。」「今天早上開會一點動力都沒有，想必是我對這份工作失去了熱情，還是考慮看看要不要辭職好了。」

- **處在情緒動能的高點**：發生好事就像中樂透大獎；有讓你生氣的事情便容易大爆炸；遇到任何邀約就一股腦地衝動答應。因為內心情緒太高漲了，所以每件事聽起來都像是正確回應。

- **處在情緒動能的低點**：發生了好事也覺得平平無奇；有令你生氣的事情卻連罵人的力氣都沒有，只說得出「懶得理他」之類的話；面對邀約變得意興闌珊，可能還會懷疑一下平時的交情；就連原本很有興趣的事現在也都沒有回應。

當我們掉進以上的陷阱，就會在人生當中不斷地把「情緒的能量」與「生活中的事件」做連結，從此只要生活中一出現類似的事情，當時記憶中的情緒便很可能會被勾起，進而打亂原本的週期。因此，不要替情緒找藉口，是非常重要的開始。

背後的覺察與恐懼：你緊張的原因為何？

除了理解情緒週期是一個「動能的週期」以外，情緒也是具有覺察潛能的。

我們都要練習情緒的覺察。而情緒背後的恐懼，所表現出來的則是**緊張（nervousness）**，穿越恐懼，我們才得以看見靈性層面的覺察。三個察覺中心各有三種不同的覺察能量頻率。本書中不會深入說明每一個閘門的恐懼，而是將重心放在這樣的恐懼會為我們帶來什麼樣的影響。

延續前述提到的「動能週期」，情緒的覺察也會跟著這樣的週期起伏，也就是覺察背後的恐懼，或是覺察本身的感受力，都會隨著情緒浪潮起伏而相對高漲或是不痛不癢。

例如：同樣是「**36號閘門**」對於體驗不足的恐懼，會導致你隨著動能高漲而無法等待情緒澄澈（Clarity），便貿然跳入未知的體驗，卻又在動能低點的時候，對一切興致缺缺，而感受到那對於經驗不足的恐懼。

此時，我們的頭腦會將這一切做分析歸納，情緒的覺察也好、恐懼也罷，配合上一節的「概念化中心」運作，大家是否注意到了所謂「非自己」的陷阱？我們會不斷合理化自己的情緒，卻難以察覺這些情緒動能背後隱藏的恐懼與推動力，而這樣的推動力與恐懼，卻是一個比較抽象，又難以百分之百確定的狀態。

我們情緒的能量與生活中的事件會交互影響，讓原本就不停波動的情緒更加紊亂。我的建議是將日常生活中的事件，與情緒動能中的覺察抽離，試著觀察自己每一個當下的感受，而不要將這些感受試圖歸因，單純記錄它的動能高低點與情緒感受即可。你可以善用各種記錄工具[1]或者書末的〈附錄：情緒週期紀錄表〉，來找出自己情緒的週期。

情緒權威：試著與情緒和平共處

這些情緒週期的波動，對這個世界的影響遠比我們想像得巨大，因為只要一個人的情緒中心固定運作，他的內在權威（Inner Authority）

1 App Store 有一款付費記錄軟體 Daylio，可以記下自己的動能高低點中不同的情緒感受，例如一樣是高點，但包含了「開心」或「憤怒」，如此一來，便能正確地記錄情緒的週期。

必然就是情緒內在權威。這代表對世界上一半的人口而言，「當下沒有真實」（There is no truth in the "now". Truth reveals itself over time.）。

情緒中心有定義的人，就像在日常的大大小小事件裡，都帶著情緒的濾鏡。一路讀到這邊，相信你也能夠明白，這樣的濾鏡會改變，而且變化幅度很大。這就是為什麼對於情緒有定義的人而言，「等待情緒澄澈」的一刻是相當重要的。

情緒澄澈（Clarity），並不是要你排除情緒的感受，而是深刻地體會它。

情緒有定義的人，容易希望自己永遠保持在情緒的高點。因為動能高的時候總是覺得自己無所不能，低點時卻會覺得世界即將崩毀。然而，情緒並不是要追求高點也絕非避開低點，情緒就像海浪，退潮後必然迎來漲潮，也像四季，寒冬之後將有百花盛開。

高峰低谷皆美好。嗯，低谷可能沒有那麼美好，但是在體會過一切之後，情緒感受將會產生深度，就像料理有了層次，鹹中帶甜、多了醍醐味。這是所謂的澄澈，在體驗過週期中的不同濾鏡下所產生的感受，平靜之中，層疊出相對的真實。

這，才是我們要記錄情緒週期的原因：**提醒自己等待**。

等待可以避免誤解情緒動能帶來的行動反應，完整體驗情緒的光譜帶來的感受。我們的頭腦、這個世界的價值觀會告訴我們並非每件事情都可以等待，但只要你明白情緒的運作，你會知道其實每一件事情都值得等待。

生活中總是有許多事情「現在、立刻、馬上」就要得到答案，那麼，情緒權威的人該怎麼辦？在此提供大家一個小技巧，無論你的類型為何，當你是情緒權威時，不要直接說「我再感受一下」。雖然你的確需要時間再感受一下，但那聽起來就像是直接地拒絕對方，我們可以換句話說，比如：「這個提議／邀請很棒，我很有興趣，但我需要一些時間安排，請你等我到〇〇這個時間。」

這是人際之間溝通的技巧、說話的藝術，在你確定自己感受澄澈之前，讓你的能量保持在可使用的（available）、不輕易給予的（play hard to get）狀態，這對情緒權威的你百利而無一害。

我常常對學生說，學習人類圖，知道了自己天生的設計以後，下一步便是學習「溝通」，如何展現自身的獨一無二，又不強迫他人接受你的與眾不同。因為正確活出自己，將能夠與世界共譜和諧的樂章。就像是情緒中心的設計，雖然情緒的能量「沒有原因」、「無法壓抑」，但我們可以學習控制我們的行為舉止。情緒本身沒有問題，如何正確地溝通自身情緒，才是真正的難題。

情緒中心無定義：受他人影響的情緒

沒有定義的情緒中心，就是上一節有定義的能量中心的兩倍版本。

空白情緒中心從來都不是「空白」或「沒有情緒」，它是雙倍的情緒能量頻率。但情緒中心空白的人因為沒有內在固定運作的能量，不會像有定義的人一樣有固定的高低起伏，有時情緒高漲之後，會突然陷入低潮，過沒多久又變得亢奮，反而常被認為是陰晴不定、情緒起伏太快、容易失控的設計。

放大的情緒

沒有定義的空白中心就像訊號強波器，而情緒中心本身就是一個強力的動能頻率，在放大後更是難以控制。

在朋友聚會中，空白情緒中心的人時常是笑得最開心的，你的情緒能量會在空間中受到感染。當親友家中的寵物過世，正在安慰他人的你，一股鼻酸立刻湧上心頭，似乎你也能感同身受一般。

大笑、大哭、大發脾氣，許多情緒都要加上一個「大」字。這些乍看之下與情緒有定義的人在能量高點時雷同，但其中的差異點在於，情緒沒有定義的人會因為不固定運作的能量，在這一秒傷心哭泣，下一秒又可以破涕為笑；而情緒有定義的人，內在的情緒動能可能無法這般急速變化。[2]

然而，這不代表情緒中心沒有定義的人能夠自由操控情緒，他們純粹是因為這股情緒動能沒有固定運作的方式，才會這一秒哭泣，下一秒又轉變了心情。所謂「**翻臉比翻書快**」，說的就是情緒沒有定義這樣的運作方式。

想想，這與有定義的運作差異有多大？固定運作的情緒動能無法瞬間切換，對於他們而言，情緒中心空白，才是所謂「情緒化」的設計。

想像一下，假設今天情緒有定義的伴侶在外面被工作「荼毒」了一整天後回到家，面對情緒沒有定義的你，他簡單的一聲「我回來了」，情緒能量隨即傳到你的能量場中，經過你的情緒強波器加乘後，你馬上拉高了音量：「回來就回來，幹嘛那麼兇？」伴侶一頭霧水，也跟著生氣了起來：「我哪有兇？」起伏的情緒在你的空白中心裡更加被放大：「你還說你沒有兇！」

就這樣，這世界上各占一半人口的彼此，互相認為對方才是情緒化的那個人，彼此指責對方應該要為他們的情緒負責。再次提醒大家，情

---

2 可能只有個體波（12-22/39-55通道）的情緒運作才會比較接近空白情緒的瞬間切換。

緒本身並不是問題，是因為我們無法妥善表達自己的情緒，才會產生人際相處上的誤區。

在這裡分享一個實際的例子。友人婷婷是一位情緒有定義的人，她十分明白自己的情緒會像雲霄飛車般上下起伏，也知道在她情緒不好的時候，身旁的人會受到影響。因此，在孩子成長的過程中，她便清楚地跟情緒空白的孩子們說：「媽媽現在情緒不好，不是你們造成的。但媽媽現在需要一個人的時間與空間，你們可以先去隔壁房間玩嗎？」各位知道嗎？孩子們總是可以輕易地理解這樣的運作，還會欣然同意，主動跑去提醒爸爸不要打擾媽媽，讓媽媽休息。

當疏洪道阻塞後，累積的情緒將成為蓄水池

我們對於大禹治水的故事耳熟能詳，事實上，大禹的父親鯀，也是治水的，但是我們很少人記得他。除了因為名字很難念之外，主要是他治水失敗，所以只能記取他錯誤的經驗而少被提起。鯀在洪水來臨時，他所採用的方法就是「築堤防」，但我們現在也都知道了，那個方式是行不通的。

情緒沒有定義的設計，就像是為了防汛而設的疏洪道。情緒這股能量就像浪潮，當大浪來襲時，我們築起的心防遲早會被沖垮，如同洪水不能圍堵，情緒也無法被壓抑。疏洪道的設計，就是要讓情緒能量自然地流向大海。

想像自己站在車水馬龍的交通幹道旁，看著繁忙的車陣，車陣讓你心煩意亂，但你要做的並不是跳入車陣中用肉身擋車，你唯一能做的，就是觀照這一切的發生，察覺這樣的能量帶給你什麼樣的感受，然後離開現場或是等待情緒過去。

然而，大部分情緒沒有定義的人，因為不知道這樣的運作方式，而讓疏洪道中**塞滿了情緒垃圾**，用過度壓抑的方式，讓自己累積的情緒越來越多，最後變得像蓄水池一樣，只要下點小雨，水就溢了出來。比方說，你可能在經年累月與家人的相處之中，因為缺乏正確溝通而有所誤會與摩擦，沒有將情緒好好釐清或抒發出來，導致一件小事就能將你壓垮，或許是爸爸的任何一句建議，甚至媽媽溫暖的關心，都能讓你的情緒瞬間崩潰。

情緒的鉤子

空白情緒的朋友可能會問：「那些情緒到底是不是我的？笑是我在笑、生氣是我在氣，有時候只有我自己一個人在家，明明沒有被任何人『接通[3]』、影響到情緒，但為什麼一想到難過的事情還是會哭呀？」

---

3 我們的圖上有許多懸掛的閘門（hanging gate），有啟動但並沒有接通對面的閘門，當我們遇到另一個人有著對向的閘門時，彼此在能量場上會產生這條通道運作，但是離開彼此的能量場之後就會消失。

有時候，記憶和事件都是你的，但，這股能量不是。

還記得我們在第69頁〈情緒中心有定義〉中有提到，要試著將事件跟情緒脫鉤。因為一旦將情緒跟事件做連結，下一次遇到類似的事件，記憶就會被喚醒出來，情緒感受也會伴隨而來。

情緒中心沒有定義的人也是如此，他們不僅放大了能量，而且還會因為不知道如何處理而將能量囤積在心裡，導致情緒埋得特別深、鉤子特別大、地雷特別多。

情緒權威者的情緒，會隨著動能的週期離開或消退，所以吵架的時候，他們常常覺得「說出來就沒事了」，或者「被安撫一下就好了」。但是空白情緒的人卻會因為當下無法處理這樣放大的能量，而在心中產生了**「情緒的鉤子」**。

後來，當鉤子遇到如同蓄水池般累積的情緒垃圾，會讓情緒沒有定義的人，更難「保持冷靜」。沒有定義的人並不是沒有這些情緒的覺察，而是這些覺察配上不穩定的情緒動能，使得他們無法穩定地感受，最後往往毫無預警地失控。

然而，一離開當下的能量場之後，情緒空白的人感受到的動能便會消失，似乎就沒事了，好像不需要特別處理了，但其實在記憶中產生的鉤子已在內心紮根，下一次再遇到雷同事件，同樣的情緒記憶將再次被勾起，新仇舊恨的疊加就會讓情緒感受越來越強烈。

回到一開始的問題，「這些情緒到底是不是我的？」記憶和事件都是你的，但這股能量不是。你可以練習察覺那些根植在記憶底層的感受，並且觀照它、理解它。

健康的情緒展現

沒有定義的察覺中心都是最佳的觀照者，情緒中心更是如此。當我們可以理解環境中的情緒能量，並與自己的人生事件抽離開來時，更能看清楚當下、活在當下。以下提供了讓情緒的主導權回到自己身上的兩個步驟。

1. 不再為他人的情緒負責

這個世界不了解情緒，總是希望情緒任何時候都要保持正向、積極、樂觀，認為低潮與傷心難過應該是要極力避免的。而這正是情緒沒有定義的人的本能：避開所有情緒過大的高低起伏，盡可能地保持周遭氣氛的和平。

如果身旁的人正在生氣、難過或低落時，情緒沒有定義的人當下第一反應就是：「我要如何讓他的心情變好？」「我該說些什麼讓他開心起來？」不自覺地把他人的情緒扛在自己身上。為了要讓對方的情緒不再低落，你會選擇怎麼做呢？配合大家，還是粉飾太平？試著從現在開始，放下那些不屬於自己的能量吧。

2. 回到自己的策略與內在權威，正確地面對必要的衝突

這裡的衝突指的是「面對真相」。許多時候，空白情緒的人在面對關係當中的矛盾時，因為過度放大當中的情緒起伏，進而想逃避所有會產生情緒的溝通。

例如：明明想要離開一段關係，卻因為想到可能即將發生的爭吵，便打了退堂鼓，認為委屈自己忍一忍就好；或主管指派了一個任務，你其實心中百般不願意，但一想到提出異議後主管的回應，就吞下這口氣勉強答應了下來。

此外，也有一些空白情緒的人，在面對關係中的衝突時，會選擇以翻臉大爆炸的情緒勒索，或者拒絕一切聯絡的逃避方式來處理，而不是雙方好好坐下來，一起討論每一個感受。事實上，這些都不是面對衝突的成熟方法，只是短時間內比較省事而已。

因此，我們可以試著與他人討論自己的感受，即使這樣的感受並不連貫、時有時無；有時又會出現不必要的強烈情緒，有時卻過於輕忽、忍耐或難以釐清。

當然，也有部分情緒沒有定義的人，因為感受到太多情緒，乾脆直接切斷所有感受，刻意忽視內心的情緒，然而，這其實也是一種拒絕溝通的方式。

意識到自己的設計是「疏洪道」而非「蓄水池」，讓這股情緒的動

能離開，包括離開情緒的現場，或是做情緒釋放的運動、容許自己哭泣等等。其中的核心關鍵在於，明白自己的設計並非用來承擔固定的情緒週期，情緒能量也不是自己內在的一部分。

直覺中心有定義：反映當下的求存

直覺中心（Spleen Center）又譯為脾中心，與生理上的脾臟、淋巴系統、T細胞等免疫器官相連結。我甚少稱呼這個能量中心為脾中心，主要是因為在中文裡，「脾」多與中醫的概念連結，但卻與西方醫學中的「脾臟」相去甚遠，雖然脾臟的連結性與這個能量中心更為直接，但為了避免語文慣性中的誤解，我決定還是使用直覺中心這個譯名。

但是，單純只稱呼這個能量中心為「直覺中心」，又會產生另一個問題，讓我們忽略**這個能量中心與「身體意識」的關聯性。**

身體意識對應著我們的免疫系統，全身上下的每一個免疫細胞都像小雷達，在當下持續對我們提出各種警告：聽起來、聞起來、經歷起來的事情是否適得其分？

這樣的覺察，我們平時統稱為直覺或預感，保護著我們的身體安全，套句福爾摩斯的經典語錄：「直覺和預感不該被忽略，是它們提供資料的處理速度太快，而我們的頭腦來不及反應。」例如，開車在路上無來由地煞車而避開了一場車禍；臨時取消原本預計的活動，事後得知該活動出現事故；莫名抗拒一道平常很喜歡吃的料理等等。這些情況背後往往運用了我們的直覺。

三種察覺能量：當下一閃即逝的警覺

正是這些直覺與預感發生的短短0.01秒，才讓我們身心能保持健康安全的狀態。這些預感可以分為三種察覺能量流（awareness streams）：

- **本能力（instinct）**：生物與生俱來的反應，不需要經過思考和學習。例如避開突如其來的危險。
- **直覺力（intuition）**：當下立即得知，並非基於事實，而是一種無緣由的感受。就像是沒有原因地認為自己出門時應該帶著平常不會攜帶的物品。
- **鑑賞力（taste）**：評論和辨識出事物好壞、適合與否的能力。在當下立即判斷出是否需要調整或資訊是否充足。

就如同其他兩個察覺中心一樣，這三種察覺能量的背後都帶有恐懼。但恐懼並非不好的，這個能量中心的恐懼展現出來的表徵是**警覺（alert）**，值得一提的是，這個能量中心所提到的健康（well-being），除了我們生理上的功能一切安好以外，還包括了心理上的健康。這個能量中心的運作讓我們遠離他人的負面振動頻率，而當我們身心健康時，在靈性層次上自然也會有所成長。

但這一切都運作在「當下」。直覺從來不會重複第二次，在我們的頭腦仍試圖理解剛剛直覺反應的訊息之前，直覺的頻率已經走到了下一個當下。我們其實很難真正抓住「此時此刻」。

直覺中心的恐懼與覺察運作在當下，就像是閃著紅光的逃生警報，發送著SOS的求救信號。而前述提到的概念化中心則是焦慮感24小時運作，試圖釐清生活中的所有事情，它的運作是直覺中心的兩倍強大，會讓直覺中心的恐懼警報籠罩著一團由焦慮組成的迷霧。情緒中心在人際之間的緊張也是概念化中心的兩倍，因此在週期當中運作，像是變化多端的天氣，時而狂風暴雨、時而平靜，導致所有的覺察都受到影響。

直覺中心與生存、身心健康、心情愉悅相關，我們可以藉由直覺中心在三個能量中心當中的強弱順序，看見生命的脆弱：我們的恐懼與覺察層層交疊，最強烈的恐懼在當下卻都不是真實的，而在當下的真實警告卻隱晦不明；持續運作的，反倒是不必要的焦慮，必要的生存警覺又在底層一閃即逝。

直覺中心健康的運作

相信每個當下，並不是容易的事情。固定運作、持續保護著自己的直覺中心，反而讓人習以為常。

「我就知道！」是許多直覺中心有定義的人時常說的一句話。因為我們從小到大被灌輸的價值觀、被訓練的思考模式，都是要「理性思考」，尤其因為概念化中心是一個全天候運作的能量中心，讓我們更難以在當下信任自己的直覺。

「我早上出門的時候，明明就有想到要帶那個東西，為什麼我忘了？」「我就知道剛剛那杯飲料那樣放會打翻！」「我剛剛就感覺不對勁，果然出了問題！」

我們能不能真正地相信在當下的**「我知道」**呢？

舉例來說，直覺中心有定義的小羊，她的直覺總是會自發性地運作。然而，當有人問起時，她又會說：「沒有為什麼，我就是知道這件事情會發生。」「我每次帶著這個物品時，一定會用到。」「聽主管交代事情的當下，我就覺得一定有哪裡不對勁，所以我通常都會馬上回絕。」

有定義的直覺中心健康的運作模式，是讓自己的行動有著安全的基礎，也就是相信一直以來、與生俱來的能力，過著安全的生活、展現正向的振動頻率。與此同時，身旁的人也能感受到安全。

直覺中心無定義：沒有穩固的安全感

無定義的察覺中心，就像失去刻度的計量器。而我們在直覺中心放大的，除了各種直覺以外，還有恐懼。

被無限放大的恐懼

我們先從恐懼開始談起。恐懼是一種很強烈的催化劑，尤其是與生存相關的恐懼。三個察覺中心當中，雖然直覺中心的力道最小（情緒中心＞概念化中心＞直覺中心），但是卻攸關最深層的部分：恐懼、生存、直覺與健康。

請想像一下，在這個能量中心當中，如果恐懼是一個儀表板，有著固定的刻度，他們的恐懼雖然是持續經歷的，但它仍有一個極限值。然而，空白的直覺中心的恐懼並沒有沒有刻度。

沒有刻度的意思是，**對於「如何存活」的恐懼被過度放大**，卻沒有辦法從中分辨出屬於自己的部分，就像恐慌症發作一樣無法呼吸、發抖、哭泣，慌亂但不知道該怎麼處理接下來的行動，也就是在「當下」失去了做出適當反應的能力。然而，這當中到底有多少是屬於自己的恐懼呢？

讓我們回想一下，有定義的直覺中心所提供的是什麼？答案是「安全感」。當有定義的直覺中心健康運作，提供的是穩定運作的免疫系統，與正向的振動頻率，也就是健康的身體與心理。

然而，就像在情緒中心與概念化中心一樣，在能量中心沒有定義、呈現放大的狀態時，我們的頭腦會自動將這樣時有時無的不固定運作，理解為「需要固定的想法與強力的動能」，而在空白的直覺中心則會將恐懼理解為「需要抓住那個安全感」。

不要隨興而為

有些空白直覺的人會在當下隨興而為、衝動行事，因為這些立即的行動似乎可以解決那個恐懼、抓住那個安全感。

在那些直覺有定義的人身邊，你將不自覺地自發性行動，這是很難察覺的，你雖然心思細膩，卻難以分辨哪些事對自己才是有益的。你是否容易忽略身體能夠承受的極限，而偏離自己的內在權威？

想當然耳，這是不健康的空白直覺中心，受到有定義的直覺中心所給予的壓力而慌亂做出的行動，並非由自己頭腦思考出的決定，因此，你應該要時時保持警覺，加倍謹慎。

安全感的來源：依附

我們在直覺中心沒有定義的人身上，容易看到那些「不懂得照顧自己身心健康」、「難以擺脫負能量」以及「充滿恐懼」的人。

這樣不健康的狀態自小開始形成。當我們將一個直覺中心沒有定義的孩子單獨留在家中、房間裡，或任何類似的情況，他們會從放大的安全感與身心穩定的能量場中離開，這樣不穩定的能量感受，將讓他們感受到無法生存、被拒絕在外，進而從小被頭腦制約，產生了要「**依附他人**」的需求。只要對方的能量帶來穩定，伴隨而來的是什麼，他們將難以深思也無從判斷。

依附他人、事件或場所等等，可以為空白的直覺中心找到刻度的「假象」，只要留在這個人身邊，就會產生一股安全感和穩定感，讓他們不想要離開。比方說，你明明知道和現在的伴侶之間並不適合，卻總是告訴自己「明天會更好」、「他會改變」、「他不是故意的」、「他其實也有很多優點」、「或許我找不到更好的人」；以及在應該要離開影響你身心的職場時，用「我找不到其他更好的工作」來安撫自己。

斯德哥爾摩症候群（Stockholm Syndrome），是一種心理學現象，指被害者對於加害者產生情感，同情加害者、認同加害者的某些觀點和想法，甚至反過來幫助加害者的一種情結。其實，這可以說是空白直覺中心受到錯誤制約的典型特徵：依附著特定的人事物或是身分、工作、地點，失去對自己身心健康的判斷，只為了維護安全感的假象。

健康的無定義中心：正確的面對恐懼與察覺

所有的空白中心都是無限智慧累積之處。要成為一個無懼之人，並非不再恐懼，而是在每一個恐懼的當下，正確地面對恐懼、處理恐懼。

健康的空白直覺中心，首先是懂得照顧脆弱的免疫系統，可以區分出是自己身處的環境中有害身心，還是你的健康狀況出了問題，我們需要在生病時給予自己更多的時間修復身體、恢復健康，才能達到全身心的平衡。

試著依照自己的類型與策略，使用內在權威，正確地進入一段關係，並接受正確的制約。是的，**「正確的制約」**。制約並非一個需要被擺脫的事情，就像恐懼不會消失，而是我們學會了正確面對它的方式。

此外，健康的空白直覺中心，常常是最佳治療師，他們能夠察覺並區分他人的疾病與恐懼，直覺、本能與鑑賞力均成為覺察的智慧，他們知道什麼是生存的恐懼、什麼只是心智的焦慮，並且有能力正確面對恐懼、面對正確的恐懼。

COLUMN

如何穿越恐懼？

我們每個人都有三個察覺中心，只是有沒有固定運作的差別而已。雖然各有強弱的不同，但事實上，這三者的概念是交織在一起的。

概念化中心，也就是我們的頭腦，持續不停地「合理化」強烈的情緒感受，無論我們的概念化中心有哪些閘門或通道被開啟，那些都是我們特定的角度，試圖幫情緒的動能起伏或覺察的高低找出理由。

然而，底層對於生存的恐懼卻從未消失。伴隨情緒的動能，恐懼著現在、過去與未來，我們對於生存的能力、生存的價值與生存的品質不斷擔憂著，頭腦持續思索要如何做才能不再感到恐懼，導致我們在每個當下毫不猶豫地想做出行動，任何事情都好，只要能夠獲得安全感。

情緒的緊張、生存的恐懼、智識上的焦慮，這三個察覺中心是唯一「有感受」的能量中心，甚至其他六個能量中心即便是「機械式地」運作著，也會經由這三個察覺中心去感受、記憶、合理化，而成為我們的慣性。

- **直覺中心的恐懼**：理解它是如何驅動我們保護自己的生活、確保我們的生存、督促我們發展智識的深度。
- **概念化中心的恐懼**：唯一沒有必要的恐懼，因為它是同質化世界的焦慮，避免被焦慮淹沒的方式，就是明白做決定的方式是依照自己的策略與內在權威。
- **情緒中心的恐懼**：在動態的情緒波中運作，這代表了這些恐懼在當下都不值得信任，必須要拉長期間來看，才會知道它的價值。

然而，恐懼向來都不是需要「消失」的東西，因為恐懼是身而為人必要的存在，提醒著我們該注意或避開某些危險。只有在我們逃避、忽視以及誤解察覺中心對我們的意義時，恐懼才會成為問題。

所謂的勇敢，並非沒有恐懼，而是在恐懼當下行動的能力。當我們透過自己的策略與內在權威運作時，便可以在正確的時間點學習面對這些恐懼，因為恐懼的背後都是覺察的潛能。

POINT 正確面對恐懼的方法

- 理解自己的運作模式。看見你在情緒中心的緊張、概念化中心的焦慮、直覺中心的恐懼。
- 一次面對一個恐懼。當我們明白它的運作原理後，便能夠在每次練習察覺的過程中，越來越熟悉自己恐懼的真實面貌。

“我騎乘高馬力重機不是為了在生命中虛擲光陰，
而是為了增添生命中每一天的色彩。”

——佚名

“I don’t ride a bike to add days to my life. I ride to add life to my days.”
——unknown

第三章

四個動力中心：意志力、情緒中心、薦骨中心、根部中心

——衝勁與能量

目標設定 200 分
無法好好休息
需要被肯定

寫在開始之前：何謂動力中心？

動力中心（Motor Centers）比起其他的能量中心，提供了強力的動能。動力中心總共有四個，它們各自擁有不同的動能頻率，例如：情緒中心帶有週期性的情緒動能；而根部中心則是伴隨著壓力所產生的生存動能。

以上兩個動力中心都同時帶有其他的能量，我們已在前面的章節介紹過。接下來將介紹另外兩個「純動力中心」：提供部落資源的意志力中心，與滿滿工作動能的薦骨中心。

能量中心	生理上位置	對應主題
意志力中心	心臟、胃臟、胸腺、膽囊	意志力、自尊、自我價值
薦骨中心	卵巢、子宮、睪丸	生命力、持續力、性、生殖繁衍、工作動能

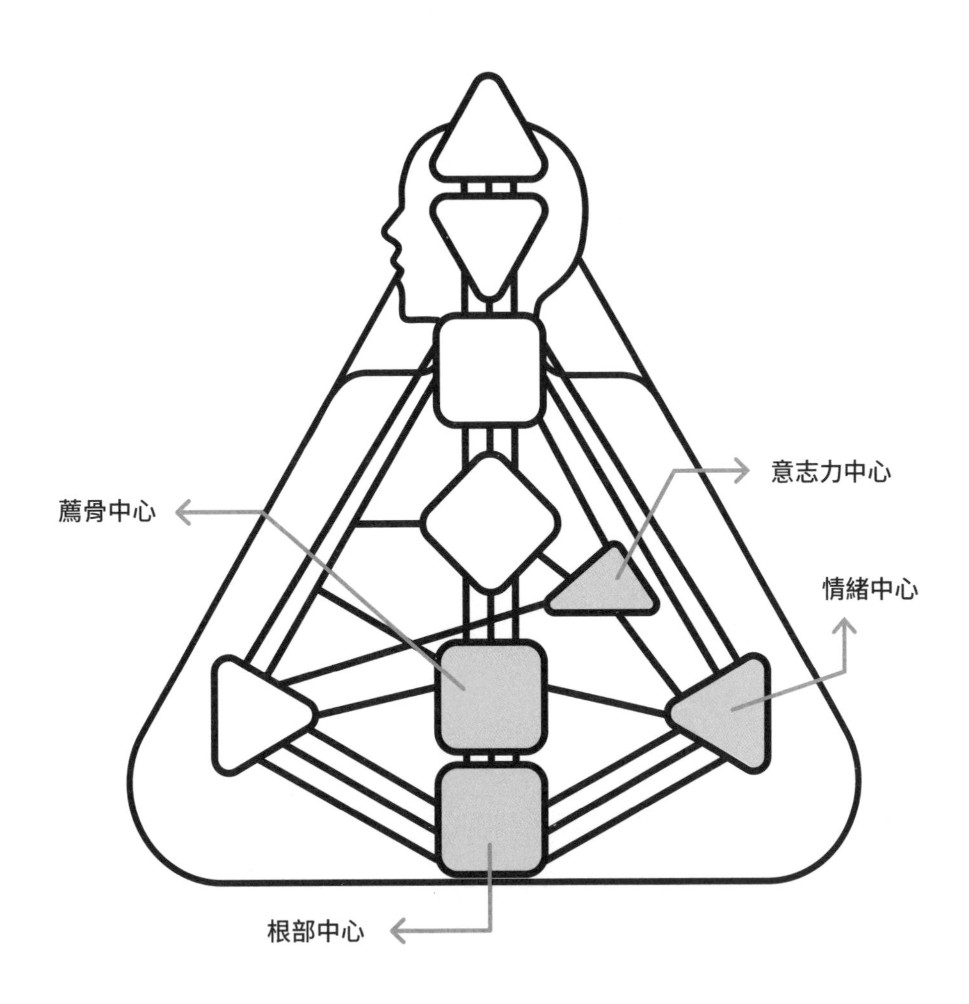

四大動力中心的位置分布

意志力中心有定義：有穩定的自信和膽量

意志力中心（Heart Center）也可以直譯為「心中心」，的確在生理的對應上與心臟相連結，同時還包括胃、胸腺、膽囊。之所以稱為意志力中心，是因為這個能量中心代表了意志力（will power）的展現，並且同時也是自尊（self-esteem）、自我價值（self-worth）的自我（ego）所在。

所謂的家族／部落（tribe）[1]，正是圍繞著這個能量中心發展。要讓自己的部落在這個世界存活，首先需要的就是「**獲取資源**」，掌控資源的分配方式、家族的經營模式、經營自己的事業或社群。這些都需要一定的意志力推動與自尊的支持，因此，意志力中心的運作，關係著我們從這個世界獲取資源的方式。

意志力與自尊

「哇，你的意志力中心有定義，你一定很有意志力！」「他的意志力中心有定義，難怪他自我感覺那麼良好！」「他一直在證明自己，我猜是意志力空白的人！」以上這些都是對於意志力能量中心的誤解。

我們要知道，一個能量中心有定義時，便是一個「固定運作」的設計，我們前面提到的關鍵字：「資源獲取」、「自尊心」、「社群維持」、「足夠意志力」等等，都是持續不間斷的運作。

因此，意志力中心有定義的人，並非理所當然地就是有自信，而是因為這股持續運作的能量，促使他們在日常生活中滿足這樣的運作。

如果要幫自己訂一個80分的目標，有定義的設計便會運用他持續運作的意志力，也就是所謂的「下定決心」，來循序漸進地幫自己建立信心，比方說：「60分達標，再加油！」「70分達標，太好了要繼續努力！」「80分達標，太棒了，我100分！」

逐漸累積的自信

意志力中心有定義的人很容易在人生中的某段期間「自我膨脹」，導致身旁的人時常覺得這傢伙不知道哪裡來的自信，根本是自大狂。甚至用自己的標準要求別人，認為他人做不到，便是沒有價值的表現。

這是因為他們容易忘了這個世界上多數的人，都是意志力中心沒有定義的（只有35%的人意志力中心有定義），當他們以自己的方式鼓勵著其他人：「加油，你可以的！這一點都不難！你要往上達到更進一步的目標。」反而會在不經意之間，對他人造成威脅感與攻擊性。

---

1 部落（tribe）：能量依照連接方式去分成三大類型，分別是個體、集體、部落。其中，部落是人類物種生存的單位，部落的核心是擴張繁衍、資源獲取與分配。

固定運作的意志力中心，並不是傳說中的「天生有自信」。我自己的經驗中，遇過「最玻璃心」的人，反而是一個有定義的設計，這是因為「意志力中心有定義」，等同於一個「必須持續證明自己」的設計。

像這樣證明自己是健康的，只要依照所屬的類型與策略，配合本身的內在權威，這股天生持續運作的意志力，可以讓他們在人生成長過程當中，培養出「信守承諾」的能力。

藉由正確的承諾，確實地完成承諾，如此一來，他們將在人生當中培養出正確、適當的自尊與自我價值，進而逐漸累積穩固的自我價值。

健康的運作：取得平衡

當然，這樣的運作會因為通道與閘門的不同、意識或無意識的差別，而略有差異，但整體而言，知道自己的價值所在，便是這個能量中心健康運作的樣子。而這裡的意志力，事實上也要跟「毅力」區分開來，意志力指的是「為了特定目標而控制自己行為的能力」，這是一個短期的能量，就像短跑選手一樣，設了一個目標並且努力衝刺。也可以明白這樣的能量，是個順暢自在的運作，並非「逼」自己去做點什麼。

而所謂的「短期目標」背後，還有另一層含義，就是**「需要適當的休息」**。

前面提到了許多跟自我價值有關的部分，但別忘了這個能量中心與

「物質世界」脫離不了關係。物質世界與工作賺錢息息相關，在正確的運作之下（策略與內在權威），意志力中心有定義的人會在達成工作上所設定的目標後，感到樂在其中，同時，他們健康運作的機制也知道何時應該休息。

能夠在工作與休息之間取得平衡，說到做到、信守承諾，雖然任性又好勝，但是願意給予部落裡的人應得的資源，也不會要求沒有定義的人與自己相同。這就是這個意志力有定義的設計，自然又美好的運作。

意志力中心無定義：容易妄自菲薄或自尊心低落

意志力中心是一個強而有力的動能中心，它關乎整個物質世界的頻率：資源的掌握。當資源的掌控成為「自尊」、「自我」的標準時，這世界上幾乎所有人都受到這個能量中心的影響。

沒有人可以「擺脫」同質化世界的制約[2]，尤其當我們受到物質世界全面性的影響，比方說，社會鼓吹每個人追求高學歷、高收入、要有車有房等等。意志力中心沒有定義的人，容易把「社會主流價值」當成自己的人生目標，但那些卻不見得能帶來真正的幸福與快樂。我們要練習的，並非「不受社會影響」，而是依照自己的設計，活出不卑不亢的人生。

不斷證明自己的人生

進一步來說，是在「當下」要擺脫同質化世界的制約不容易。

不要忘了，這個能量中心的關鍵字環繞著「**物質世界**」。多數人早上一睜開眼，就被柴米油鹽追著跑，這是部落生存下去的第一要件：資源。如何賺取資源、花費／付出資源、分配資源。

這就是身處物質世界時，每一個人都會面臨的問題。然而，意志力中心空白的人，因為沒有持續、穩固運作的意志力（will power），容易有著**更為放大的目標、更低落的自尊心（ego）**。

還記得前面所述，有定義的意志力中心是如何累積他們對自己的自尊與自信嗎？空白中心放大的自我期許，來自於這個能量中心對目標的訂定，因此，即使你已經努力做到了100分，比起達到80分就覺得自己很不錯的人來說還要優秀，但空白意志力的人此刻依然不會肯定自己，因為他一開始設定的目標可能是120分、200分。

這是「持續證明自己」的過程，因為不穩固的能量，使得我們的頭腦更想要緊緊抓住那份完成目標後，而**暫時滿足的自信心**。但是那份暫時滿足的自信心，隨時都會因為能量消失而再次歸零，使我們更難累積自尊心。

這樣持續證明自己的能量運作幾乎無法避免，也非常容易造成所謂的「非自己」，因為證明自己的確屬於「非自己的一部分」（not-self）[3]。甚至是在我們催眠自己「不需要自我證明」的過程當中，更強化了證明自己的這個動作。

---

2 同質化世界（homogenized world）的制約：是指這個世界會以同一種「固定標準」來看待每一個人，使我們時常被「他人的標準與價值觀」影響而不自知。

3 可參照第17頁的常見名詞解釋。

在這自信心的來來回回、能量斷斷續續的累積當中，意志力中心沒有定義的人很容易在人生中習得「**妄自菲薄**」，若非過度需要被肯定，就是覺得自己永遠都比不上別人。

然而，這並非是一個無法逆轉的死胡同。

當意志力中心沒有定義的人，真正回到自己的設計，依照所屬的策略行事，遵循內在權威的指引，他依然可以做出適合自己的決定。而這樣的決定能讓我們的付出得到滿足（生產者）、心境獲得平和（顯示者）、目標迎來成功（投射者），以及期待每一天尚未展開的驚喜（反映者）。

不要輕易做出承諾

也就是說，意志力中心沒有定義的人，該做的並非將專注力放在「不要證明自己」。因為在能量的運作上，這幾乎是無法避免的事情，有時只是我們無意識的舉動。例如：「哎呀，我報告的時候表現得不夠好，下次調整一下。」「哇，真希望我也可以這麼厲害！」「剛剛那個狀況真是太糟糕了，還好不是我！」「我應該有比這個好一點吧？」

這些都是無傷大雅的小事，所有人都會有類似的想法，只是空白的運作與有定義的運作之間有個微妙的差別：一樣是覺得「有人比我更好」，但是有定義的運作，其實知道這種比較是理所當然的，人外有人、天外有天，「如果有人比我好又怎樣呢？我已經盡力達到我的目標了，如果想更進步，就再訂出下一個目標，繼續努力。」

然而，沒有定義的運作，放大了這樣的振動頻率，因此容易在各種場合當中，放大了眼前的目標、放大了對自己的要求、放大了當下對自我肯定的價值感，進而**做出各式各樣的承諾。**

但這些承諾在離開能量的現場後，因為缺乏持續穩定運作的意志力，會使你難以負荷。這也是空白意志力中心受苦最深的原因：在人生的過程當中，**累積各種無法達成目標的經驗**，一次又一次地認為自己「不夠」好。

空白的意志力中心雖然沒有持續的意志力，看似容易在各種事情上半途而廢，但並非不能堅持。對生產者而言，要有足夠的「毅力」，可以運用來自薦骨的能量（詳見下一節），而當你有正確的回應便能開啟正確的能量運作。

意志力中心沒有定義的設計，做決定時應依照每個人不同的類型與策略，至於承諾與否，將靠著內在權威帶來可靠且正確的運作（我們將在〈第二部〉中進一步講解）。

薦骨中心有定義：投入喜歡的事情時會得到滿足

薦骨中心（Sacral Center），是極為強大的動力來源，在生理上，對應了女性的子宮、卵巢，與男性的睪丸。

薦骨中心是這個世界「生命力」的來源，可以說，如果沒有薦骨能量的運作，這世界將一片死寂。因此，這個能量中心的主題包含了性、繁衍、工作、豐盛、活力與持續力。

薦骨與生產者的關係

只要我們的人類圖中，薦骨中心因通道連結而有定義，有著固定運作的生命動能，就必定會是一位「生產者」（Generator）。生產者的運作模式我們將在〈第六章：生產者〉中詳加敘述，在這裡我們先介紹生產者薦骨運作的原理。

那麼，生產者的「生產」，到底是在生產什麼呢？薦骨中心一肩扛起了這個世界的運轉，舉凡這世界的一磚一瓦、宗教與文化、風俗習慣、生活方式，其實都是靠著生產者的動能而完成。

生產（generate），意指「**使一件事情持續存在**」。因此，所謂「生產者是來工作的」，指的就是利用薦骨的能量，完成這些工作。我們所說的「工作」，並不單單限於上下班打卡的職業，而是所有**對於薦骨而言「正確的事件」**。

每一位生產者因為整體設計、連結的閘門、通道的不同，有回應的事情自然也有所不同。生產者們在每日大大小小的事件當中，藉由薦骨的指引，完成適合自己的大小事，世界因此有了豐富的運轉，其中充滿著健康、滿足的振動頻率，生產者也能藉此踏實地認識自己，建立屬於生產者的自信。

如何開啟薦骨能量：詢問正確的問題

薦骨的正確運作，來自能量場中的自然互動。薦骨的生命力，讓所有事情成為可能，這樣固定運作的動能，使萬事得以有健康的發展。而要使用生產者薦骨那朝氣蓬勃的動能，只有一個方法：**詢問**。

我們說話的音波是一種振動頻率，與生產者的薦骨所產生的振動頻率會相互影響，但因為薦骨中心並非「察覺中心」，它是純粹的動能，為正確的事情而行動。因此，薦骨不會「思考」。任何開放式的問題、需要分析優劣得失的問題，對於薦骨而言都起不了作用。薦骨的智慧是能量上、身體上的智慧，與我們的心智不同。然而，這不代表薦骨「魯莽愚蠢」，它反而能夠以心智無法理解的身體智慧，正確地使用身體的能量。

當一個正確的問題被詢問，薦骨的振動頻率與其共振，直到聲帶自然而然發出一個喉音：肯定的「嗯」、「嗯哼」、「噢」；否定的「呃」、「呃哼」，每一位生產者的振動方式不盡相同，所以生產者們要練習找回自己的振動頻率。

當你聽到生產者自然而然地發出這樣的振動喉音時，代表他的薦骨能量已經啟動了，「對已存在的事情做出反應」就是所謂的「回應」。因此，我們可以了解到，生產者所謂的「等待回應」，指的是「等待被詢問，並且依照薦骨對問題的反應行事」。其中，有正向回饋的，也就是有回應的，代表生產者有持續輸出的能量可以執行它。

薦骨的能量並非無止盡，它也需要休息

不過，薦骨的能量並非「源源不絕」，你可以把它想成一個「充電式的電池」。薦骨的正確運作，有點類似所謂的「日出而作，日落而息」，但工作和休息之間並非百分之百按照日出日落的時辰，每一個生產者有所回應的事情不同，自然會形成不同的運作模式。

但對每一位生產者而言，不變的真理是**「將薦骨動能耗盡，才能擁有良好的睡眠」**，也就是說，生產者不想睡的原因就是不夠累。當然，我們必須要排除一些生理或心理上的狀態，但依照人類圖的根本原理，所有一切都是互相關聯的，包括生理和心理。如果你是一位有睡眠問題的生產者，重新確認自己對於周遭的一切有回應是必要的。

我們將在生產者的章節詳加敘述他們的運作，在薦骨運作的原則這邊，先說明「生產者」和「顯示生產者」在睡眠模式中的不同。

純生產者（Pure Generator）的斷電模式

純生產者相當地單純，尤其是薦骨權威的生產者，的確就是「正確回應」日常生活中的每一件事情，包括工作、自己的休閒興趣活動，在將薦骨的動能用盡後，便能倒頭就睡。像是說完晚安三秒鐘後便睡著的小丸子一樣：躺平以後，瞬間斷電。

顯示生產者（Manifest Generator）的低耗電模式

顯示生產者們因為持續輸出的動能（詳見〈第七章：顯示生產者〉），如果累到瞬間斷電，反而對身體健康是有害的。

對顯示生產者而言，要預留一點點最後的動能。就像手機或電腦開啟「低耗電模式」一樣，螢幕會隨之轉暗，對顯示生產者而言，那個變暗的時候，就是你準備進入睡眠的預告。建議你在睡前先躺下、躺平，把燈光調暗一些，做點自己喜歡的，讓你感到心情舒緩的事情，為自己打造一個「睡前儀式」。

對動能頻率高的顯示生產者而言，適時的午休是好的，不一定要完全躺平，但是能夠讓自己不斷輸出的電力補充一點，才不會過度耗損。

薦骨中心無定義：不斷運轉而忘記休息

放大卻又不固定運作的能量，為薦骨中心帶來了極為驚人的影響。

固定運作的薦骨中心，也就是生產者們，占了世界上近70%的人口。可以想像的是，沒有定義的設計（舉凡顯示者、投射者與反映者），大多被生產者們圍繞，幾乎每個人都深受薦骨中心的影響。

那麼，圍繞你的人是誰呢？

薦骨中心沒有定義的人必須留意的，是你進入了什麼樣的能量場。顯示者、投射者與反映者，因為沒有薦骨所形成的開放、包覆且吸引他人前來詢問、使用的能量場，所以有屬於自己類型不同的策略，我們將在〈第二部〉詳加敘述。但不論是行動時告知、等待邀請還是等待月循環，薦骨中心沒有定義的設計，都必須要謹慎加入薦骨的能量場。

放大的能量，容易讓你過度耗損

薦骨的能量是滿滿的生命力，尤其對於投射者而言，這樣的能量場讓空白薦骨深陷其中。比方說，你可能會發現某些投射者，特別喜歡圍繞在生產者（尤其是多數能量中心有定義的人）身邊，原因正是如此。

放大的動能讓他們充滿活力，擁有足夠的能量可以度過日常生活與完成工作，然而，這同時也會**放大薦骨類型的挫敗與疲累**，因此，使用策略與權威加入正確的團體至關重要。

放大的能量是吸引人的，除了為你帶來工作上的滿滿活力，放大的還有「性」的能量。這裡的性，並非指「情慾」，而是純粹的「性的動能」。情慾來自情緒中心的渲染，但性的能量在於薦骨中心的繁衍本能，在不明白此運作的前提之下，沒有定義的薦骨中心非常容易對性執著，追求與他人的親密關係，沉迷於一段段「人與人的連結」之中。

「能量的奴隸」，就是空白薦骨「不知節制」最佳的寫照，無止盡的消耗卻忘了好好修復。因此，薦骨沒有定義的人必須隨時提醒自己，你現在感受到的活力與動能，並非自己與生俱來的。你只是使用了外接電源，如果長期放任它啟動，則有電線走火的危險，同時也會在離開能量場後感受到衰竭與耗盡。比如投射者圍繞在生產者身邊，充滿幹勁的同時也消耗了許多能量，一旦離開生產者後，便容易覺得筋疲力盡。

薦骨有定義的生產者，應該**「在人生當中享受工作」**；其他薦骨沒有定義的人，則需要練習**「在工作中享受人生」**。他們可以運用放大的能量有效能地工作，並留給自己大量的休息時間。

COLUMN

如何找回工作與生活的平衡？

本章節討論了兩個能量中心，關鍵字都與「工作」相關聯。無論你的設計中，這兩個能量中心是否有定義、不管你的類型為何，為了在社會上生存，幾乎沒有人可以擺脫工作。

意志力中心的核心是獲取資源、分配資源、花費資源，但它健康的關鍵是在工作與休息之間取得平衡。薦骨中心的核心是建造、是工作、是生產，但它健康的關鍵也在於正確地使用並擁有適當的休息。

舉例來說，若你是一個生產者，為了證明自己符合社會對於工作成就的期待，將他人的價值觀強加在自己身上，努力追求高收入，卻做著你沒有回應的事情，導致薦骨的能量沒有辦法真正地輸出。明明工作了一整天身體筋疲力盡，但是內在薦骨的能量卻沒有消耗，依然是滿電狀態，此時失眠的問題就會出現。

另外一種可能，假設有一個上班族，白天的時候「精神不濟」，下班後又活力滿滿地做著各種休閒活動到半夜，才終於覺得電量耗盡需要睡眠，卻苦於第二天要早起上班，每天都患上「星期一症候群」。

因此，在此要老調重彈的是，依照自己的類型與策略做決定，配合內在權威正確的運作，可以讓我們知道應該要加入什麼樣的群體、參與哪些活動，如何正確地使用身體動能，以及從事什麼樣的工作，才能共同讓這個世界充滿自信、自尊、滿足的振動頻率。

POINT 記得留點餘裕給自己

- 承諾與否，請回到所屬的策略與內在權威，這樣才能訂定合適的目標，實現應當完成的承諾，以建立足夠的自信與自尊。
- 薦骨中心有定義的人，建議透過正確的薦骨問答，找到自己在職業以外的休閒娛樂，藉由各種動態或靜態的活動，消耗薦骨能量，獲得健康的睡眠。
- 薦骨中心沒有定義的人，特別需要注意自己加入了什麼樣的團體，並且訂定適當的休息時間，在筋疲力盡之前就寢。

“所有你生命中在尋找的事物，都在尋找你。”

——小威廉絲

“Whatever you are looking for is looking for you too.”

——Serena Williams

第四章

一個定位中心：G中心
——確立我自己是誰

適量飲酒
問世間情為何物
我是誰？我在哪？

寫在開始之前：何謂定位中心？

G 中心（G Center），象徵了我們人生的羅盤、導航與司機，也象徵「愛與自我形象」；生理上則對應我們的肝臟與血液。奇妙的是，當我們失戀、失意或是找不到人生方向的時候，總是「借酒澆愁」，不僅傷肝，也影響著我們的心理健康。

這個能量中心有個奇特的名字，並非編排漏字，但為什麼這個能量中心的取名與眾不同，以及這個 G 到底象徵了什麼意涵？事實上，在人類圖創始人拉（Ra）最一開始接收訊息時就沒有被告知，因此，我們也不需要多加揣測，剛好做一個練習：放下腦中的焦慮，也許有些事情的答案，在適當的時候便會得知。也或許，我們並不需要知道。

能量中心	生理上位置	對應主題
G 中心	肝臟、血液	自我、愛與生命方向

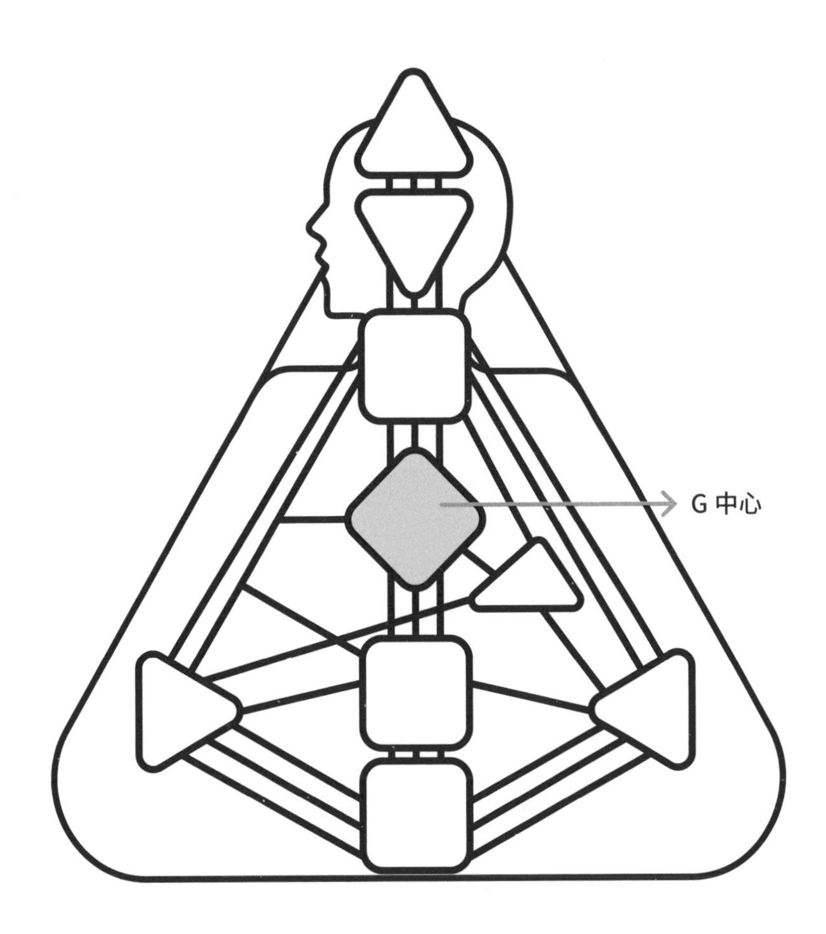

定位中心所屬位置

G中心有定義：存在固定的人設和形象

前述提到所謂的羅盤、導航與司機，指的就是磁單極（Magnetic Monopole）。磁單極是僅帶有單一磁極的基本粒子，更精準地說，是一個帶有磁荷的粒子，具有絕對的引力。人類圖在1992年提出磁單極的概念時，科學界對此還沒有太多著墨；直到2016年榮獲諾貝爾物理學獎的拓墣理論，其核心觀念便是以此為基礎。

磁單極的單向吸引，有兩個主要的功能：

- 連結個性水晶（Personality Crystal）與設計水晶（Design Crystal）。
- 引領人生的幾何軌跡（Trajectory and Geometry）前進。

磁單極與設計水晶在受精卵階段時，共同建構了我們的身體。隨著胎兒成長，兩者逐漸分開，分別坐落在概念化中心與G中心；在來到第三孕期時，磁單極將呼喚個性水晶，某種程度上也可稱之為「靈魂」，來到我們身體裡，座落在頭頂中心。

若將我們的人體比喻為車子，磁單極就是為我們導航的司機。由設計水晶打造出「身體」這台車，在車子建造得差不多之後，磁單極便會呼喚個性水晶（靈魂）這個「乘客」來到身體裡試車。

而磁單極與設計水晶的分離，讓我們產生了**需要向外尋找愛與自我的錯覺**，再加上個性水晶與設計水晶截然不同的角色，靠著磁單極強迫結合在一起，成為我們完整的設計。若能理解固有內在的一個矛盾，我們便能夠接受每個人獨有的設計，這是一種自愛的表現，先愛自己，才能夠接收愛、傳達愛。

愛與方向

G 中心的閘門非常特別，八個閘門、四個一組，剛好形成兩種輪迴交叉（Incarnation Cross），分別是：代表方向的人面獅身（the Cross of the Sphinx），以及代表愛的愛之船／愛的容器（the Cross of Vessel of Love）。你可以對照自己的人類圖，若對應的閘門有顏色代表有該特徵。

「人面獅身輪迴交叉」包含了以下四個閘門：

- **7 號閘門：** 就像擋風玻璃一樣，是一個往前看的視野，在人際互動之間堅持自我而被認可，替未來建立共好的可能。
- **13 號閘門：** 像是車子的後照鏡，藉由向後看的視野與記憶而成為智慧的結晶，理解群體中沒有人是孤島，所有一切都是更大拼圖中完美的一部分。
- **1 號閘門：** 即儀表板，能在每個當下，勇敢表達出獨特的自我。
- **2 號閘門：** 就是司機本人了，並非其他三個閘門對方向的觀點，而是代表了方向本身，這裡是磁單極的座位。

「愛之船輪迴交叉」更是裝滿愛的容器，標記著四季的開端，提醒我們，尊重彼此的設計，就是真正的愛。以下是四個愛的閘門：

- **15號閘門**：愛之船既然被稱為容器，就會有一道外牆，15號閘門代表「人類之愛」，象徵了我們的能量場，每一人都是交響曲中的一個音符，是和諧樂譜中不可或缺的一部分。
- **46號閘門**：撐住外牆的是內牆，那就是46號閘門，代表「身體之愛」，就像保溫壺的玻璃內膽，需要特別照顧與小心輕放，卻也是我們最容易忽視的部分。
- **25號閘門**：一個容器就是要盛放東西，對身體而言那就是血液、是靈魂，代表了「宇宙之愛」。
- **10號閘門**：就像容器有一個將內容物倒出來的壺嘴，那便是自我行為的閘門。當我們真正依照自己的設計行事，踏出的每一個步伐，都像是從容器裡倒出真正的自我，那是滿滿的愛，代表「對自我的愛」。

穩固的自我認同與方向

當一個人的G中心有定義，代表他在愛與方向的能量上，有著固定運作的模式，也因此有著穩固的自我認同與自我形象。

我們很容易誤以為所謂「人生方向」，就是小時候大家都寫過的作文題目「我的志願」，或者我們的職涯等等，但其實人生方向指的並非這些「角色」，更不是一個我們「思考出來的問題」。

人生方向，即在我們的整體設計之中。

因著我們整體的設計，我們擁有所屬的類型與策略、自己的內在權威，我們在人生大小事情上，依照自己的節奏，做出正確的決定，踩著正確的步伐，行走出自身的風格，而且與他人之間有著適當的界線，**在「正確的時間」來到「正確的地方」，遇見「正確的人」**。這是人生方向，也是愛。

我們必須要臣服於生命之流，才能看見人生的幾何軌跡。什麼是「臣服」？臣服聽起來很像是在要求我們放棄人生的主導權，但事實上剛好相反，臣服就是在人生不斷前進的每一個當下，活出自己最「自然」的樣貌。

舉例來說，小傑是一個G中心有定義的人，他的設計當中有許多個體人的通道，簡單來說，他並不喜歡跟別人「一樣」，所謂每個人都是獨一無二的這一點，是他深信不疑的原則。喜歡什麼、不喜歡什麼都很少因為朋友而改變，反倒會由於自己獨特的特質，自然而然遇到合得來的朋友。

小時候因為喜歡看書、說故事，許願長大後想要當導演和編劇，因為那可以訴說他想要呈現的世界與觀點，但是家裡卻希望他決定未來的方向時，可以優先選擇擁有「就業保障」的工科。

後來，小傑過了很長一段不開心的人生，他明白自己對於工程師的工作就算做得上手、薪水也很優渥，但是心中就是有一股能量卡住無法抒展，就像少了點什麼。他的人生成就以世俗定義而言是成功的，可是他的內心深處並不滿足，雖然不能說不開心，但也稱不上快樂。他曾經對我說：「我的人生一直在往前走，卻像是沒有靈魂的軀體。我很想要找回我自己。」

在理解自己的設計以後，他現在慢慢拿回了過去丟散的興趣。這是一個開始，接下來，他打算繼續依照自己的策略與權威，讓人生回到該有的軌道上。我問他，現在的人生很安穩，但是運用自己的策略和權威則可能面臨各種未知，你害怕嗎？他告訴我：「怕啊。但在正確的方向上迷路，也是很開心的體驗。」

G中心的健康運作

在正確的運作下，G中心有定義的人，將帶給身旁的人指引以及安全感，在受到「邀請」的前提下，與身旁的人一起前行，進而明白所謂正確的方向，即「在正確的時間、空間遇到正確的人」。

G中心有定義的人，因為有著穩定運作的自我定位、方向，對他們來說，給予他人意見是再自然也不過的事了，但這其實跟投射者的運作一樣，無論是自我形象、定位、方向，**需要先「被賞識」，才會「被邀請」給予建議。**

例如，G 中心有定義的小慧總是想要給予對未來沒有什麼想法的另一半很多建議，但是喉嚨說啞了對方也沒有聽進去。後來她改變了方式，她開始閱讀自己感興趣的書籍、收聽喜歡的 Podcast 節目，本來對很多事都無所謂的另一半，卻反過來詢問小慧相關內容，此時，小慧在隨口的分享中加入了對伴侶的建議，便有了天時地利人和的影響力。

因此，我們所說的「正確」指的並不是以結果論或價值觀的優劣得失判斷，而是依著自己的設計行事，所得來的領悟：我不後悔我所經歷的，我對自己是誰感到自在。

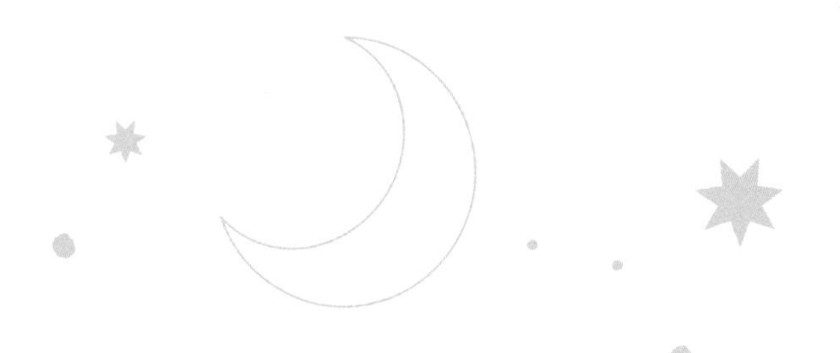

G中心無定義：從與他人的互動中，看見自己不同面向

沒有固定運作的G中心，代表沒有固定運作的人生方向、自我形象與愛。雖然空白中心本身並沒有任何不好，也不代表空無一物。然而，這種放大的能量與愛、人生方向、自我形象彼此相關，卻又不穩定運作時，很容易引發強烈的不安全感。

持續尋找愛與方向

沒有固定的自我形象、人生方向與愛，對我們的頭腦來說，是一個必須要介入處理的事情。包含：「這是我要去的方向嗎？」「這就是愛嗎？」「我往這個方向前進可以得到愛嗎？」「我是誰？」「我該成為誰？」這樣的不安，也將滲透進大大小小的決定當中。

這是我們很容易忽視的地方，以上的「頭腦非自己對話」，並不是毫無包裝地仰天長嘯，也不是每一個人都會不斷追問自己這些人生哲學的問題，但是空白G中心受制約的運作中，非常容易在做每一個大小決定時，下意識地思考：「**這個決定是不是能幫助我找到方向、找到愛、找到自己**」。

這樣的制約，造成許多空白G中心的人，為了找到自己的身分認同

與歸屬，會在一生中不斷追尋，從選擇科系時隨波逐流，到努力成為他人眼中功成名就的象徵，像是：律師、醫師、公務員、工程師等等。然而，你在內心卻仍然無法百分之百確定，這就是我要去的方向嗎？這就是愛、這就是我嗎？因為他們永遠著眼於其他可能的人生目標。

以開放的態度體驗人生

磁單極運作的本質，是依照我們整體形式的策略與權威，與正確的人事物互相吸引。世上有54%左右的人G中心沒有定義。可以說有一半的人追求著一個固定的自我形象、愛與方向，尤其在不理解策略與權威的運作時，總是想著：「我這麼做可以找到愛、找到方向嗎？」

沒有定義的G中心，本質上，就是要來體驗人生的。他們會融入、適應周遭的環境與身旁的人群，藉由人生當中一段又一段正確的人際關係，映照出身旁的人，進而逐漸找到自我認同。因此，進入正確的環境與關係是至關重要的。

對G中心沒有定義的人來說，重要的並不是透過他人來「確認自己」，而是**在「與他人的相遇中」學習**。因為生命中的「他人」，將帶著你體驗人生各種不同的風景。

我時常做一個譬喻，G中心沒有定義的設計，就像是一個「時常更換交通工具的設計」，可能在人生這段旅程中徒步行走一陣子後，搭了公車一段路再轉計程車、再轉渡輪、再轉 Ubike。藉由身旁的人給予的能量引發，空白 G 中心像是一個自由的旅人，在人生路途中恣意揮灑，體驗無限可能。

向外尋求的，不一定屬於你

沒有定義的 G 中心代表極具彈性，許多極為出色的演員，例如，梅莉・史翠普（Meryl Streep）、艾迪・瑞德曼（Eddie Redmayne）都是 G 中心沒有定義的代表：演誰像誰，不需要、也不該被固定在特定的自我定位。

當然，我們多數的人並不是演員，在日常生活中，空白 G 中心更常表現出的是**「受到環境影響而耳濡目染」**。你可能身邊也有相似的例子，因為不知道自己的策略和權威正確的使用方式，在從小到大的過程中，尤其是求學時代，特別容易受到周遭環境的影響，試圖成為某些被大眾認同的身分與標籤。比方說，你可能會因為父母都是醫生，而立志要念醫學系；因為會跳舞很受歡迎，而加入熱舞社；或者身邊的朋友都在瘋露營，即使討厭戶外活動，你也跟風買了一頂帳篷，想要成為「懂得享受生活的人」。

但那些光鮮亮麗的活動、職業與頭銜，永遠都不夠，你依然覺得有其他可能性，而用來掩飾無法自我認同且感到不安的方式，就是追尋社會主流的價值，導致你不停羨慕著他人更好的生活。

置身於正確的空間

沒有定義的空白 G 中心，要將以下這句話視為座右銘，刻在心底：**「想要有健康、快樂的人生，必須先要處在正確的空間（place）。」**

在正確的空間，才會遇到正確的人、發生正確的事，走向正確的旅程。這裡的空間，就是實際存在的地點，諸如：咖啡店、辦公室、學校、教室以及臥室。空白 G 中心在一個空間的舒適程度，在某種程度上告訴了你「人生方向的正確度」。只要能在對的空間，你便能遇到正確的人，也就可以感受到愛與自在。

因此，空白 G 中心的人與其不斷尋找自己是否在正確方向、是否找到愛，不如思考自己**「是否來到了正確的空間」**。而正確的空間並非只有一個，沒有定義的 G 中心就是來蒐集正確空間的，記得透過你的人生策略與權威，仔細感受當下的感覺。

如果你是一個 G 中心沒有定義的人，當你求學、求職、租屋、購屋等，第一個考量的就是「這個空間舒不舒適」。就算學校風評再好，一旦空間感受不對，便會遇到不對的人，空白 G 中心就會遭受到不正確的制約。工作條件再好，空間感受不對，在人際互動上必然也會出現各式各樣的問題與迷失自我的感受。租屋與購屋就更不用說了，有時甚至是連傢俱擺放位置的移動，都可以讓你感受到不一樣的狀態。

COLUMN

如何建立安全感？

若是不理解這一層的運作，沒有定義的G中心缺乏了安全感，他們的頭腦必須找出一條路，無論是求神問卜還是人類圖，才能好好面對人生大事或是雞毛蒜皮的小事。

G中心沒有定義的人容易把自己固定在「特定的形象」中，對於自己多變的形象而感到不安；甚至被困在不適合的關係裡，不斷試圖發起更多的方向，以找到更安全穩固的愛與自我形象；或者用各式各樣的標籤來找到自我認同，卻忽視了自己從來不需要成為任何人。

沒有定義的G中心，在人生中藉由他人的引發而開啟了新方向，這代表人生充滿了無限的可能。

甚至可以說，沒有定義的設計是來**「享受被指引的服務」**：因為來到了正確的地點，因此被介紹了重要的人、適合的工作。這其實是一種機會，因為你不需要靠自己去尋找，只要你停下來，就會看見。

當你來到這一天、這一刻，體驗過所有愛與方向的可能，你將能夠充滿智慧地放下任何自我認同的執念，成為最終的嚮導。

POINT 建立自我認同的練習

- 減少自我批判。不要因為不符合父母、師長、伴侶或是主管對你的期待而質疑自己。
- 明白你的不安全感來自追尋特定的角色、形象與標籤，無意間讓自己成了各種身分、各種角色的蒐集者。
- 觀照你的內在需求。讓自己來到正確的環境，體會哪些事能帶給你真實的快樂。

“最簡單的事情是『反應』，第二簡單的是『回應』，最難的就是『發起』。”——賽斯·高汀

“The easiest thing is to react. The second easiest is to respond. But the hardest thing is to initiate.”
——Seth Godin

第五章

一個顯化中心：喉嚨中心

——讓事情發生

我要我覺得
好想得到關注
盡情表達想法
讓事情發生

寫在開始之前：何謂顯化中心？

喉嚨中心在生理上對應了甲狀腺，甲狀腺則控制了使用能量的速度、調節人體對各種激素的敏銳度等，這使得喉嚨中心和甲狀腺有著類似的功能：所有的質變、轉化過程，皆來自喉嚨中心。

我們所有的溝通、行動，均透過喉嚨中心顯化（manifest），因此，喉嚨中心可以說是這九大中心裡承受最大能量，同時也是最複雜的能量中心。

能量中心	生理上位置	對應主題
喉嚨中心	甲狀腺	顯化、溝通、行動、語言

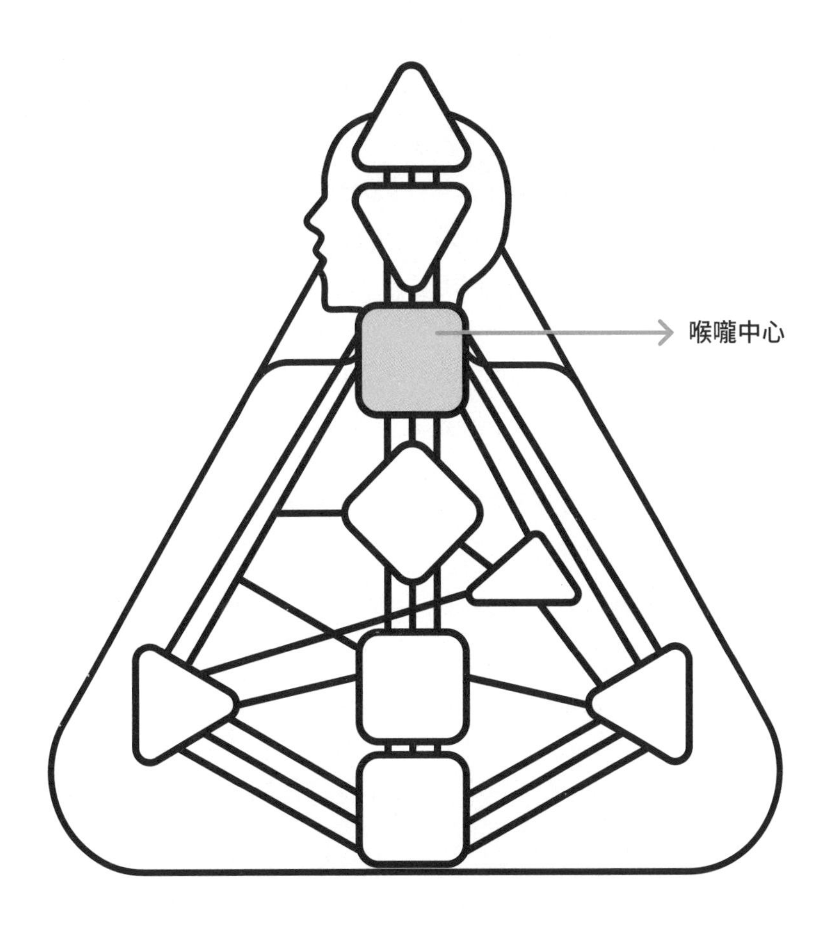

顯化中心所屬位置

喉嚨中心有定義：有固定的溝通和行動模式

喉嚨中心（Throat Center），我們最直接的聯想就是說話，但這個能量中心背負「顯化」的重責大任，也就是**「透過標誌或行動，清楚展現某事」**，因此，在這個能量中心裡有兩種重要的顯化方式：

- 聲音的顯化（verbal manifestation）。
- 行動的顯化（manifestation as action）。

語言發展是人類這個物種重要的進化歷程，語言作為溝通，傳遞了生活的經驗、生存的法則。隨著時代來到了現代社會，語言表達更是人與人溝通的基礎，也因此，當我們講到喉嚨中心時，很容易將它限定在語言的表達上，而忽略了語言與非語言，都是一種「顯化」，將能量轉變成一個容易表達出來的特殊形式。

然而，喉嚨中心並非動力中心，所謂聲音的顯化也好、行動的顯化也好，都不是「使用」喉嚨中心的能量，而是在此「發生」。因此，喉嚨中心像是一台汽車的離合器或是變速箱，將能量在此轉化。

當喉嚨中心藉由通道與真正的「動力中心」，也就是身體中的馬達，比方說與意志力中心、情緒中心、根部中心、薦骨中心相連結時，才會有持續輸出、持續顯化的動能，而這樣持續顯化的能量，促使這些設計的人行動。這樣設計的人就是我們在後面的章節將介紹到的「顯示者」與「顯示生產者」。

然而，我們容易將發起（initiate）與顯化（manifest）混為一談，雖然以結果而論，都是**「主動地使事實發生」**，但是事實上，我們每一個人做的每一件事情，都可以說是一個發起。以顯示者為例，他們的能量中持續顯化的動能，造就了深具影響力的能量場，使他們發起的行動顯而易見又具衝擊性。

在這個顯化中心之中，將「發起」與「顯化」區分開來的意義在於，藉由每一個人正確的運作，我們用適合自己策略與內在權威**「發起」**行動與溝通，才得以**「顯化」**出不同能量中心、不同閘門通道的特質。

特定的溝通方式

連結到不同的能量中心，代表這些能量接到了喉嚨中心，顯化出來的，也會是相對應的能量。雖然我們通常都認為自己在用「邏輯理性」來溝通，但其實在能量的運作上，並不全然都是有邏輯和理性的。

比方說，喉嚨中心有定義的人，說話與行動有固定的模式，像是一向語速很快或很慢；會有慣用的口頭禪和溝通時的手勢，以傳達出特定的內容；又像是喉嚨中心連接情緒中心的人，舉手投足之間都帶有魅力，或者一個眼神就帶有殺意；喉嚨中心連結G中心的人則是說真心話的設計，當他們無法展現自我、無法為自己發聲時，便感到明顯的失落以及渾身不對勁。

以下是喉嚨中心接到不同能量中心時所展現出來的特徵。

喉嚨中心與概念化中心連結

不同的察覺通道有著三種不同的思維模式，但溝通出來的，都是經過思考的想法與焦慮。

- 11-56通道：溝通出在過往經驗中找到的新點子與新希望。
- 43-23通道：溝通出特定的覺知，並非來自經驗佐證也沒有邏輯推演，在正確的時間點表達可能帶來突變，但也可能不會。
- 17-62通道：代表真正的邏輯，溝通出來的各種資料顯示的證據、公式與答案。

喉嚨中心與情緒中心連結

你會有著極大的壓力必須要行動，溝通出來的是情緒的覺察、動能的週期。

- 35-36通道：渴望體驗與改變，溝通出感覺、希望與痛苦的循環。
- 12-22通道：溝通出個體的社交魅力、謹慎與否，與優雅與否。

喉嚨中心與直覺中心連結

溝通出來的與當下的覺知有關。像是：

- 16-48通道：溝通出對於自身所認可的技藝、那成為自我身分認同的一部分，在每個當下溝通出體驗過的模式是否被認可。
- 20-57通道：在得到認可與邀請時，溝通出每一個當下的智慧與覺知。

喉嚨中心與意志力中心連結

這是部落對於資源的獲取、資源的使用、資源的分配最終表現處。

- 45-21通道：溝通出來的是「我」，我想要、我擁有、我達成。

喉嚨中心與G中心相連結

喉嚨中心溝通出來的是自我定位，我是誰、我在哪、我即將前往。

- 13-33通道：溝通過往記憶與經驗，是集體的經驗傳承。
- 7-31通道：溝通出追尋未來穩固模式的領導，創造更好的未來。
- 1-8通道：溝通的是個體對於這個世界的貢獻，在受到辨識與認可時，提供與眾不同的解決方案。
- 10-20通道：在當下溝通出自己是否覺醒與覺知，但覺醒需要被辨識並邀請。

喉嚨中心與薦骨中心相連結

最後，當20-34通道與薦骨中心連結，喉嚨溝通出來的，是「薦骨的回應」。這是最典型的「顯示生產者」，我們將在〈第七章：顯示生產者〉中詳細介紹。

所有的能量中心，只有兩個壓力中心（頭頂與根部）不會直接與喉嚨中心連結。因為這是一個顯化的轉接站，是讓一切發生質變、轉化之處，也就是將我們的覺察、我們的自我與動力轉化成語言或行動。壓力如果直接顯化出來，就像是隨時隨地注射腎上腺素在活蹦亂跳的人身上，心臟並沒有辦法承受這樣的高活動量。

舉例來說，小青是一個生產者，她在喉嚨中心的設計裡，擁有一條16-48與直覺中心相連的通道，並有35號閘門啟動（固定運作的特質，但沒有形成固定運作的通道）。

小青對於自己真心有回應的事物，就像刻在心裡的名字，會發起一個可以重複執行的模式。雖然小青學習上手很快，但還是要先辨認出真正有回應的事情，追尋的模式才會開始。這些模式透過重複練習，成為一個可以在一生當中體驗深度、追尋完美的歷程，最終小青將成為某領域中精熟的職人。

由於小青有「**35號閘門**」的設計，人生中很重要的一部分就是「**體驗**」，所以小青不會只固定嘗試單一領域，因為她就是想去感覺、想要改變、不做重複性的事。而在各種體驗之後，未來有一天，這些不一樣的經歷將讓她成為他人的最佳建議者。

小青喉嚨中心所顯化的能量，是兩個相似卻相反的設計，因此，更應該要回到適合她做決策的方式：策略與內在權威，才不會陷入喉嚨中心不斷想「發起」的壓力。

健康的溝通

當你擁有一種或多種固定的表達方式（擁有與喉嚨中心連接的通道），不代表你隨時都要表達或行動。

這樣隨時隨地的顯化，讓人過於習以為常，尤其是當你的喉嚨中心接到動力中心的設計，會出現「持續顯化的動能」，讓你說太多、做太多，不但浪費了能量，也失去了每一條通道的獨特性。

喉嚨中心有定義的人應該**等待正確的行動**，以及**留意發言的時間點**，必須小心自己將能量使用在什麼樣的地方。記得善用自身的策略和內在權威，才能知道何時正確，避開當下顯化能量的衝動。

遵循策略與內在權威，將會使你喉嚨中心獨特的表達依照正確的方式、在正確的時間顯化，你才有能量發起計畫或目標，並且依照自己獨特的方式逐步執行。

喉嚨中心無定義：最怕空氣突然安靜

喉嚨中心環繞的核心是「我想要成為什麼、變成什麼」，而沒有定義的喉嚨中心就像擴音器一般，進一步放大喉嚨中心所有的聲音。

放大兩倍的表達方式、質變方式，卻不穩固運作，導致空白喉嚨中心的人無法預期自己下一步說出來的是什麼，時常說出來的話或做出的行動，沒人注意也沒人發現。比方說，他們最常發生的，就是事後懊悔剛剛沒有妥善地表達自己的想法，或是每次說出來的都跟計畫好的不一樣等等。

無論是頭腦裡想的、情緒上感受到的、直覺當下要表達的、自己真心想要的，甚至是自我內在真實的自己，都是不穩定的運作，這會讓喉嚨中心沒有定義的設計，出現一個心理機轉：「**我是不是無法表達真正的自我？我該如何表達真正的自我？我該做些什麼讓大家看見我呢？**」

事實上，沒有定義的喉嚨中心，真真切切就是擴音器，就是設計來吸引注意力的，如果能依照自己的策略與內在權威行事，在正確的時間點，依照你的人類圖設計來放大周遭的運作，將會獲得正確且極高的注意力。

最怕空氣突然安靜：承受不住壓力而發起

這樣的擴音器放大的不只是注意力，由於喉嚨中心沒有定義的人只占了30%，因此，他們會被大多數「有定義的喉嚨中心」所制約，承受著極大的壓力，必須要發言、努力說點什麼。歌詞裡「最怕空氣突然安靜」，就是空白喉嚨中心的寫照。

當大家安靜下來時，喉嚨中心沒有定義的人便會承受空間裡所有的能量。我每次上課講到這個段落，都會玩一個小實驗來讓大家明白這股空氣凝結的壓力：「我們現在來比賽，看誰可以忍最久不說話。」猜猜結果如何？

每一次，都至少會一位空白喉嚨中心的同學因為受不了那個尷尬，而發出聲音。

在不正確的時間點說話，其實會耗損自身的能量，或者容易說錯話。但有時不是在人群中說話那麼簡單，很多時候，喉嚨中心沒有定義的設計，會因為制約的關係，在人群裡胡亂發起，似乎一定要做點什麼，才能舒緩那股放大的能量。

無論是花心力在預設自己可以說什麼、做什麼，或不停地在思考中嘗試釐清思緒，受到嚴重制約的空白喉嚨中心，很難只在別人提問時才開口，他們會持續思考著：「我的人生可以成就些什麼？」並且迫切地想付諸行動。

等待正確時機行動

喉嚨中心沒有定義的設計，只占總人口的30%，在人群中容易被引發，而這也代表喉嚨中心空白的人，並不是設計來「發起」、「顯化」的運作。

在此要釐清一點，並非喉嚨中心沒有定義的設計不可以發起，或無法顯化，而是因為空白的設計是一個開放的狀態，需要受到正確地引發、正確的制約，這不是一個固定運作的模式，因此沒有定義的喉嚨中心，不該「主動」發起。

不僅僅是獨自一個人的時候，包括在群體中的時候也是如此。不要因為承受莫大發起、顯化、行動、說話的壓力，而在沒有被詢問、被邀請的前提下開口，尤其在人群中被引發的時候。

這是否意味著這樣設計的人比較沒有「行動力」呢？我們要再次回歸到核心：喉嚨中心本身並不是動力中心，而是所有的能量在此轉化。因此在正確地被引發時，本身的能量將會有正確的運轉，執行上將相對得心應手而不吃力，行動力就不會是個問題。

喉嚨中心無定義的健康運作

健康的空白喉嚨中心，能夠在人生當中習得「等待正確行動」與「正確發言時機」的智慧。事實上，**所有空白能量中心都是智慧的累積**，因為那沒有固定運作，且在環境中放大的能量，有著各式各樣的可能。

當沒有定義的喉嚨中心健康運作時，他們會明白自己並沒有固定的表達方式或行動模式，也不需要控制接下來會出現哪些說詞，因為他們有多變的聲音、多元的溝通方式，而且知道自己在正確的時間點會得到正確的注意。在人群中依然會感受到發言或行動的壓力，但他們並不會被迫說話或行動，而是能夠在沉默中保持自在。

當他們知道正確的溝通與發起的時機，也有智慧看出誰是能夠完成事情的人，就知道誰才有真正的潛能讓事情發生。

有句話說：「仔細聆聽，有許多溝通並非依靠話語。」如果你能夠在人群裡給他人自在表達的機會，便可以聽見更多有價值的事情。不但能夠輕易分辨眼前的人是否說了真話，同時也能從他人的分享中，汲取對自己有幫助的養分。

COLUMN

為什麼總是希望做點什麼，來證明自己的存在？

喉嚨中心是一個顯化的能量中心，功能是轉化與調節，讓所有能量成為可能。因此，無論是否有定義，當沒有健康運作時，都會對身體帶來極大的負荷。

最容易出現的，就是我們沒有使用自己的策略與權威來做決定，而是使用心智來決定。

為了要變成自己心目中理想的樣子，無論是透過邏輯思考，還是情緒感覺，總之，「去做點什麼就是了」，且不自覺想著：「如果我去做點什麼，是不是事情就會如己所願地發生？」

我常常會這樣提醒學生們，人類圖是「做決定」的工具，記得去思考：「你現在所做的決定是來自於什麼？」我們經常需要在團體中活動，試著想想，與你相處的人當中，有沒有你所需要的顯化能量？或是你自己就是那把正確的鑰匙，可以開啟你所有潛在的可能？

空白中心的核心，是放大了有定義的運作模式，說太多、做太多，向來不是空白喉嚨中心的專利，無論有定義與否，在正確的時間點說正確的話，永遠都是來自策略與內在權威的適當運作。

POINT 自在表達的方法

- 開口說話之前，先聆聽。
- 沉默是金。答案有時就在沉默之中。
- 有定義並非可以任意行事，策略與權威才是適合的做決策方式。
- 無定義並非無法行動或發言，而是等待正確時機。

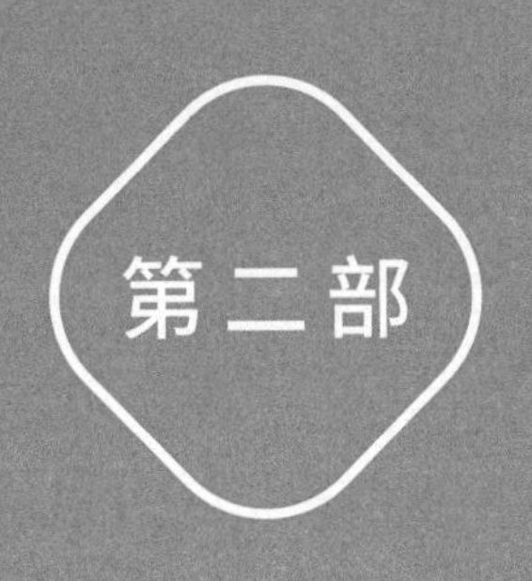

第二部

從人類圖類型，尋回自己本來的樣子

“你時常覺得疲憊，不是因為你做了太多，
而是做了太少你真正想做的。”
——亞歷山大・海爾

“You often feel tired not because you’ve done too much,
but because you’ve done too little of what sparks a light in you.”
——Alexander Den Heijer

第六章

生產者
——找到自己真正想做的事

有股源源不絕的能量
按部就班
慢工出細活

構築世界的人

我們從生產者開始介紹，因為這些薦骨中心有定義的類型，包含生產者與顯示生產者，大約占了全世界人口比例的70%，可以說我們在轉角遇見的不一定是愛，但有很高的機會是這些充滿生命動能的生產者。

這樣的生命動能，建構了這個世界。換句話說，是生產者建構了這個世界。

有句話說：「生產者就是來工作的。」聽完這句話，生產者們都哭了，「為什麼我這麼命苦要工作呢？我最討厭工作了！」而其他三個類型也哭了：「不是說好生產者來工作的嗎？那為什麼我現在卻在工作呢？我想好好休息啊……」

工作，到底是什麼？對生產者而言為什麼如此重要？讓我們慢慢看下去。

類型	策略	非自己主題
生產者	等待回應	挫敗

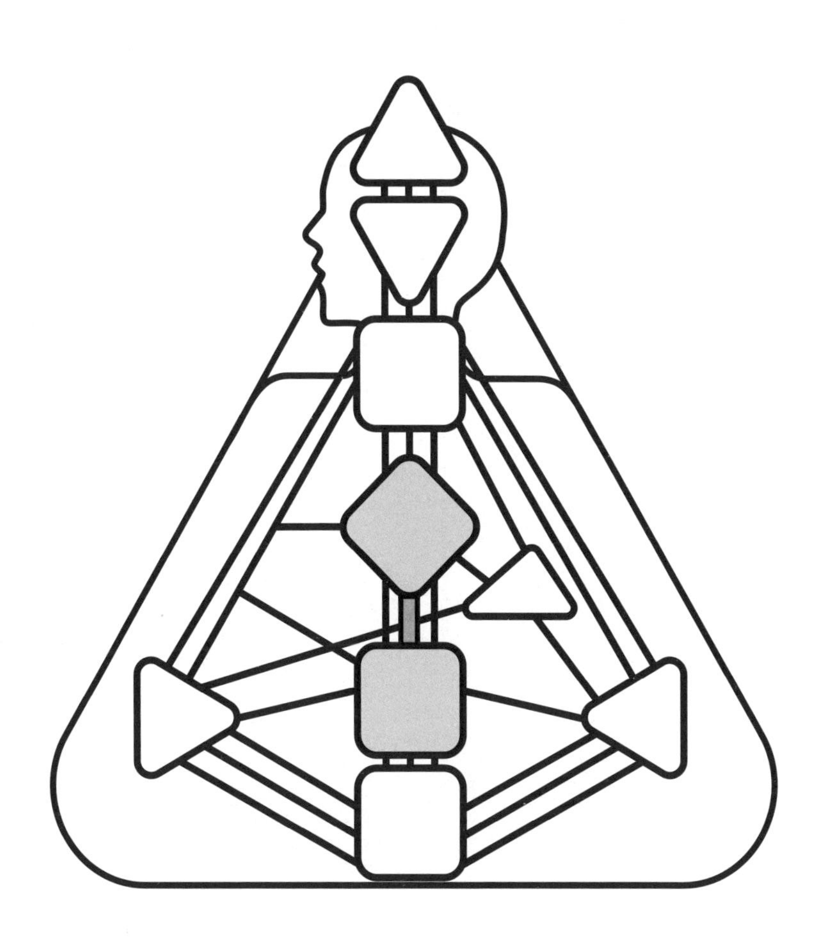

生產者的人類圖範例（薦骨型權威）

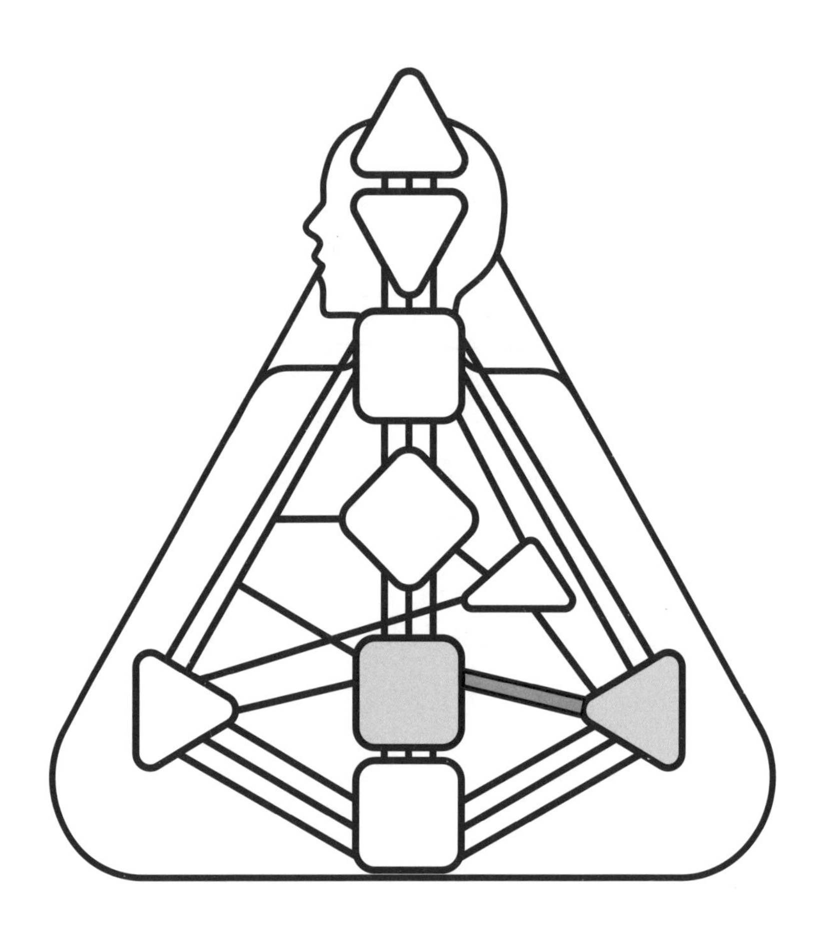

生產者的人類圖範例（情緒型權威）

生產者的能量場：薦骨的能量場

生產者的能量場決定於固定運作的薦骨中心（Sacral Center）。只要你的人類圖當中，薦骨中心是有定義的（有顏色的），你就是一位生產者[1]，擁有持續穩固運作的薦骨動能。

而這個能量中心所代表的生命動能，是關於性、生產、生產力、創造力，以及生命力本身。我們可以明白薦骨這樣的能量，是讓世界生機盎然的基礎，這就是生產者的「生產」：**正確的運用薦骨能量，讓事物得以延續。**

薦骨的能量場是開放且有包覆性的（open and enveloping），我們可以想像這是一個沒有邊界的能量場，它籠罩住每一個進到能量場當中的人事物。不但如此，因著薦骨強大的生命動能，生產者的能量場擁有黑洞般的引力，吸引身旁的人來使用。

生產者在正確的運作之下，每天早上都是滿電狀態地醒來：神清氣爽、精神奕奕。在經過一整天的工作與活動後，生產者會用完他所有的能量，「精疲力竭」反而是一個最佳的狀態。因此，純生產者健康的睡眠模式，就是用完所有的動力後，一碰到枕頭就睡著，接著，經過一個晚上的睡眠充電，第二天早上再次恢復滿電狀態。

1 顯示生產者請見〈第七章：顯示生產者〉。

了解薦骨的回應：透過問答

說到這邊，生產者們應該迫切地想知道，要如何達到這樣的理想境界？不管是「薦骨型權威」或是「情緒型權威」，他的人生策略都是：**等待回應**。（至於薦骨型權威和情緒型權威的差異，我們等到之後再來細談。）

然而，「回應」讓人困惑，「等待」令人焦慮。這麼強而有力的動能，難道要這樣消極地等待？事實上，沒有任何一個等待是消極的，回應也不能說是被動的。就像馬拉松有一個終點線，要抵達終點唯一的方法就是前進，沒有任何一位跑者是全程坐在原地的，差別只是在於，像個自願參賽者一般盡全力抵達，還是被人生賽程推著直到終點？

讓我們先來簡單複習一下薦骨的回應（薦骨運作詳見第102頁〈薦骨中心有定義〉）。

重點觀念①：薦骨不會思考

薦骨是純粹的動能，並非「察覺中心」的察覺能量流，白話文就是：薦骨不會思考。因此，對一位「生命動能來自薦骨」的生產者說話，如果你使用了「需要大腦思考的提問」或「開放式問題」，都會使他們無法正確地做出決定。因為這些經由頭腦想出來的決策，缺乏了生命動能的支持，最後通常會讓生產者感到「心有餘而力不足」。

最常見的例子，就是問生產者「你晚餐想吃什麼？」這很明顯需要思考，除非有強烈的特定喜好，否則生產者通常會說「隨便」。而真的隨便買了什麼回家，他可能這個也不要、那個也不要。

重點觀念②：喉音來自振動頻率

因此，你要問生產者「封閉式的問題」，而生產者會依據情況做出不同的回應。

- 回應是肯定的，會發出「嗯」、「嗯哼」、「噢」等開放尾音的喉音。
- 回答是否定的，會發出「呃」、「嗯」、「呃呃」等封閉句尾的聲音。
- 若是這件事情的問法不對，則不會有任何反應。

這樣的「喉音」，並非語言當中的敷衍之意，而是薦骨的共振。當我們對談的音頻進入生產者的能量場，生產者的薦骨將會與這股能量共振，藉由能量的震動向上傳到橫隔膜，橫隔膜再傳到聲帶，最後，自然地發出了一個震動的喉音。而這個喉音的回應，可以具象化為「開關打開了」。

重點觀念③：工作的能量

為什麼一定要等待那個開關打開呢？因為一旦生產者的回應是肯

定的，生產者薦骨的能量便得以持續輸出，成就這個世界上的一切。這就是生產者的生產（generate）：藉由回應來到能量場中的人事物，讓事情持續地存在強力的動能。

這是一種工作的動能，所以生產者們要活在工作裡，藉由找到正確的頻率，在工作裡精疲力竭之後，達到生產者人生的指標：**滿足**。

而生產者的「工作」（work）是什麼？這裡所提到的工作，包括但不限於「職業」本身。也就是除了日常上班打卡賺錢以外，生活中的活動也包括在內。**透過薦骨的能量，生產者會聽見自己對「特定事物」的回應**，有可能是你的志業、你的嗜好，或者你想鑽研的某些領域，而這樣的回應代表生產者有能力完成每日的「工作」，直到能量耗盡後，第二天再次回到神清氣爽的滿電狀態。

人生策略：等待回應

讓我們做個小統整：生產者因為薦骨所帶出來的能量場，是「沒有邊界」、「包覆著」能量場內所有事物的，因此，可以說生產者與能量場中的每一個人事物都在「互動」。

我們可能會在路邊看見可愛的小貓咪，身體一邊發出「噢～」，一邊自然而然地向牠靠近，接著把小貓咪抱起來自言自語地說：「把你帶回家好不好呀？」

這是依照生產者的設計，在能量場中跟所有事物互動，屬於生產者日常的「回應生命」。但到底要不要把小貓咪帶回家，卻是一個需要「做決定」的事情，這個決定需要一股能夠延續的能量來支持，你需要的是**「有人向你詢問」（to be asked）**，比方說：「你想要帶這隻小貓咪回家照顧嗎？」

再舉一個生活上的實例。當我們去逛街，被櫥窗裡的衣服吸引而走了過去，是因為那件衣服進入生產者的能量場，產生了能量上的互動，也就是有著某種共鳴，但此時，生產者還不清楚自己所回應的是什麼。

接下來店員走到你身邊，開口問你：「這是我們剛到貨的商品，要試穿看看嗎？」你自然地回應：「嗯，好啊！」試穿完你覺得非常滿意，正在思考要不要購買時，店員走過來問你：「現在有週年慶的折扣，要帶一件回去嗎？」你沒有回應。原來你與這件衣服之間的共鳴，只停留在試穿，並沒有想要進一步購買。

生產者的能量場會吸引所有需要生命力的人事物來到當中詢問，這是一個向內的能量，隨時發生在生產者能量場內。當有人詢問時，生產者對每一個問題做出「肯定」、「否定」、「不知道」的回應，而對於做出「肯定」回應的事，生產者將有持續輸出的能量，得以好好執行。

因此，對生產者而言，你等待的，是每一個瞬間；所回應的，也是每一件事情。

生產者的人生課題：挫敗感

多數的生產者都活在挫敗之中。

如果「滿足」是來自於生產者能夠正確地使用薦骨能量，那麼，所謂的「非自己主題」：挫敗（frustration），則是指**無法將一件事情完成時，所感受到的煩躁、沒有自信與沮喪。**

什麼時候生產者會沒有辦法完成一件事情呢？答案是「薦骨的能量沒有輸出」，也就是「沒有回應」的時候。

感到挫敗時，請重新檢視自己的回應

經過社會化，充滿責任感的我們，當然會盡力完成每天的日常工作，可能還做得相當好。但那並不是滿足，不是來自薦骨能量耗盡後，神清氣爽的滿足。因此，令許多生產者想不透的是，自己明明能力很好，工作也都在期待值以上，但為什麼依然會有挫敗感？

生產者這樣的挫敗感，其實是來自於對自身能量運作的誤解。

因為對生產者而言，回應所有來到面前的事物才是自然的，但是這個世界的行事法則卻希望我們主動符合社會期待，要求不同的個體追求相似的人生目標，職涯選擇的考量因素，無非是較高的收入或人人稱羨的職銜，口中說著行行出狀元，卻不是每一個行業都被同等尊重，反而忽視了各行各業的專業與價值，這都會讓生產者的世界充斥著挫敗感。

然而，當薦骨能量沒有回應時，挫敗的生產者還是每天如常地工作，不論再怎麼痛恨自己的工作，生產者都可以一週五天、一天八小時地坐在辦公桌前。儘管他們受了打擊，卻還是一面想著：「我是否應該多做點什麼來改變我的人生？」「是不是我不夠積極、不夠努力？」

如果你也陷入這樣的惡性循環之中，就試著做點薦骨有回應的事吧！比如說，從你現有的工作中，找到你最喜歡的部分，可能是和同事切磋想法的時候，可能是上台簡報展現充足自信的時候，也可能是談成一個案子擁有成就感的時候。又或者，你也可以在空閒時，做點會讓你開心的事，可能是種花，可能是彈吉他等等，先從生活中小小的滿足感開始吧。

回應和發起的差別

可能有很多人，會把「回應」跟「發起」兩者的意思混淆。「發起」這個詞總括來說，是藉由行動表達使某事開始，因此，所有的事情都是發起。

舉例來說，不管是日常生活中找朋友吃飯、手滑買了一組保養品、在網路上看到一堂課讓你心動點下報名；或者需要一點時間，像是架設一個網站寫寫文章；甚至是重要的決定，例如遞辭呈給老闆、跟女友求婚——都是發起。

當朋友接受邀約，對你說：「好啊，一起吃飯，那星期天你可以嗎？」「嗯嗯。」這是回應。當女友開心落淚，問你：「是不是真的會愛我一輩子？」「嗯嗯。」這也是回應。

朋友覺得你很有想法，在聚會的時候問你：「你應該要架一個網站分享文章。」「嗯嗯。」你做出肯定的回應。遞辭呈給老闆以後，老闆慰留你：「能夠再多待一個月嗎？」「呃呃。」你做出了否定的回應。

回應無所不在，只要你問對問題，你就能感受到生產者嗡嗡作響的動能。

如果你還記得，生產者那個無邊界且有包覆性的能量場，會把發生在自己能量場中的一切事情全部吸收進來。而薦骨的回應是一種振動頻率，它會依照著對那些事情共振與否，來決定能量是否輸出，因此，「回應」某種程度而言，也可以視為幫自己開放的能量場，**劃下一個保護的界線。**

總結來說，一定是有事情先被發起了（發生了），生產者才有機會回應，而回應的答案是肯定還是否定，則需要在能量場中的人對你詢問封閉式的問題。

頭腦會說謊

是的，薦骨的回應需要「被詢問」。許多剛開始學人類圖的朋友，都會有這樣的疑問：不能自問自答嗎？沒有人來問我怎麼辦？一定要有人來問嗎？沒有回應會怎樣？

先回答「沒有回應會怎樣？」這個問題，我們從前面一路講下來，相信大家可以明白，當生產者的薦骨對一件事情的回應是肯定的時候，將會輸出強大的生產動能，所以，如果沒有回應但又要做這件事情的時候，生產者反而會感到力不從心，事倍功半。

至於「不能自問自答嗎？一定要有人問嗎？沒有人來問我怎麼辦？」其實這些都是頭腦想出來的質疑和擔心，自問自答甚至就是頭腦在說服自己這是薦骨的回應。

要分辨是不是頭腦在騙你最直接的方式，就是**「有沒有人開口問你」**。在現在這個資訊爆炸的時代，來到生產者能量場的事物越來越多，但不是每一件事都有人開口詢問。

「回應生命」對生產者是自然的，因為我們每一個人的設計，會有自己的喜好、厭惡、吸引與排斥的事物，但若要做出正確的決定，也就是生產者強大的能量該如何正確地使用，需要被詢問，能量才會釋放。

雖然我們常常提到不要相信頭腦說的、不要用頭腦來做決定，但其實我們的頭腦（心智）並非壞人，它是因著我們從小學習到的方式，仔細地幫我們分析每一個決定，用它明白的方式在保護著我們。

而它現在多學到了一個應對的方式：「薦骨回應」。

所以頭腦會非常熱心地想要「協助」你，講白一點，就是它會騙你，會試圖說服每一位生產者：「是的，這就是回應！你現在心中的悸動、滿腔的熱血就是回應！你現在這麼迫切的渴望、強烈的欣喜，都是回應！」

但有人來到你的面前問你問題嗎？沒有人問你的話，你不會知道。

儘管生產者會跟能量場中的一切發生互動，像是：看見可愛的小狗在撒嬌、聽見路邊的情侶在吵架、聞到花香或滷肉飯的味道、臉貼著太陽曬過的棉被，這些共振都是回應生命的互動，是生產者的自然機制，可是，**一旦涉及「做決定」時，生產者就必須「被詢問」**。

這邊有個前提，薦骨的運作是為了「使生命力的動能得以輸出，使事物得以延續」，並非直覺中心那股「與生存相關」的警覺，所以諸如「腳斷掉要不要送醫院」、「發燒了你要不要去看醫生」這種問題並不是薦骨的運作，而是生存機制的範疇。

生產者需要被詢問，他們才能夠在能量場互動當中，聽見喉頭發出的共鳴聲。生產者需要聽見薦骨的回應，才會知道這件事情對自己而言是否正確。很多初學者會在這邊陷入瓶頸，以為自己看到、摸到的都是回應，但事實上，在生產者「被詢問」之前，薦骨並沒有機會「回應」。

薦骨沒有感受，不會對所回應的事情做出任何價值的判斷或產生情感，因此薦骨不會期待、鄙視、喜悅或不屑一顧。薦骨，僅僅是機械式的運作，但如果你能夠使這台強大的機器動起來，生產者所感受到的那股滿足感，便能夠讓你體驗到生命的豐盛。

沒有聽過薦骨回應的原因

說到這裡，有許多生產者會開始感到極度挫折，因為記憶中從來沒有人來到面前詢問問題，也沒有聽過自己發出薦骨的回應，不要說肯定的「嗯嗯」聲了，就連否定的「呃」也都很少出現。絕大多數的時候，薦骨都是一片死寂，沒有任何動靜。

第一個原因是：**薦骨的回應，從小就被壓抑住了。**

每位生產者孩子，在小時候一定都曾經感受過薦骨的回應，不管是有回應、沒有回應、不知道的，然而，父母師長卻往往會這樣訓斥孩子：「嗯什麼嗯！不會說話嗎？」漸漸地，薦骨回應的聲音就被抑制下來了。

其實，使用薦骨回應，與現代醫學中對教養的觀念並不衝突。幼兒是需要練習說話沒錯，但練習說話並不需要否定他的薦骨回應，你可以教孩子在回應後進一步說明，像是：「嗯！我喜歡。」

另一方面，**我們也極少被訓練問出正確的問題**。每一個人都習慣用大腦思考，甚至在問問題時，也很自然地使用開放式問題，包含：「你要吃什麼？」「你覺得怎麼樣？」只有在結帳的時候，店員才會問出正確的薦骨問題：「第二件半價喔，有需要多帶一件嗎？」「呃，不用了，謝謝。」

第三個主要的原因是，**這些問題問得不好、不恰當或是不正確**。最後，我們有時必須要承認，就是我們可能**真的沒有回應**。在本章末第174頁的〈PRACTICE〉裡，我們將一起試著在日常生活中，正確地詢問彼此薦骨問題、引導能量流動。

例如：「要不要離職？」就是一個問得不夠好的問題。是今天就離職？先找到下一份工作再離職？不加薪就離職？還是其實只是職務內容調整就不用離職？或者「要不要喝飲料？」這個問題也太過廣泛。是什麼飲料？紅茶？綠茶？冰的？熱的？手搖飲還是瓶裝水？「假日要不要出去玩？」去哪玩？「要吃台北車站嗎？」除了酷斯拉以外，沒有人可以吃台北車站本身。

我們成長的過程並沒有被教導詢問問題的技巧，而且千萬別忘了頭腦的運作是24小時不停歇的。因此，在問題問得不正確、真的沒有回應時，頭腦會在第一時間介入思考。

訓練你的頭腦

這並非說生產者都不需要用腦了。關於頭腦的重點是:「使用時機」和「使用方式」。

順序是一個重點。頭腦的功能是學習、研究、組織與計畫,但頭腦本身並沒有執行的動能,因此,應該是「先」確定這件事情的回應是肯定時,「再」來讓大腦做它最擅長的事:分析研究。

生產者花了多久的時間被制約用大腦做決定,就要花多久的時間練習。**試著先用薦骨做完決定後,再讓頭腦來幫助你。**過往搶在薦骨之前運作的頭腦(心智),是每一位生產者最大的敵人。

但我們要扭轉這一切,頭腦終究要成為我們的同盟而非敵人,它的工作是協助我們觀照、體驗、見證人生篇章的開展,並適時給予他人建議、學習知識、研究有趣的知識與喜好。因此,平時的練習相當重要,才能讓頭腦在不知不覺之間成為你的戰友。

然而,這並非容易的事,生產者的頭腦可說是最難突破的。生產者總是會找各式各樣的理由說服自己,如果結果是好的,那一定是薦骨有回應;若是成果不如頭腦預期,那麼,一定是沒有回應。這都是倒果為因。頭腦只能是薦骨的戰友,無法主導薦骨的回應,也無法決定人生尚未開展的旅程。

問對薦骨問題，拿回人生的主導權

能量場的特色，決定了這個類型做決策的方式，因此，對於擁有開放、包覆且具有吸引力能量場的生產者而言，與人互動是相當必要的。閱讀文章、滑IG覺得「很有感」或是「很不屑」，都是日常回應，然而，在真正被詢問之前，生產者並無法確定「有感」、「不屑」的部分在哪。

很多朋友會很疑惑並且恐懼，真的會有人來問薦骨問題嗎？我們先拋開腦中的焦慮和困惑，一起來看看以下故事裡你符合了幾項：

一位生產者早上精神飽滿地醒來，聽著窗外鳥鳴、遠方的車陣，準備好要開始嶄新的一天了！出門前看到躺在沙發上的貓貓，發出了一聲「噢」地跑過去摸摸兩下（能量場的日常回應）。在早餐店老闆娘問你：「今天吃一樣的嗎？」你說：「嗯，謝謝（薦骨肯定）。」一秒後補充：「不要好了，今天改蛋餅。」

到了公司後，開了一整個早上的會議，主管問你有沒有什麼想法？你說不知道，主管念了你一下：「怎麼可以都沒想法，那麼，有沒有什麼需要改進的？」你說「嗯」（薦骨肯定）之後，再補了一句「沒有」。所以主管把這個案子分配給你，並說：「那一個月後完成可以嗎？」「呃……好（薦骨否定）。」明明窒礙難行，但你還是答應了。

中午同事問你：「要不要一起吃飯？」「嗯，好啊（薦骨肯定）。」「那要吃什麼呢？」「隨便。」「那就吃上次那家牛肉麵好了！」「呃，那家我上次吃了沒有很好吃（薦骨否定）。」「那根本不是隨便嘛！」面對同事的壓力，你只好倉促地決定，就吃牛肉麵隔壁的便當店吧。

這麼心累的一天，下午聽到同事問要不要訂雞排時，你「嗯」了一聲說：「好，我要！（薦骨肯定）」下班後回到家，貓咪看著你的眼神，彷彿在問你「什麼時候要放飯？」但你卻疲憊地只想攤坐在沙發上。

在以上案例中，主角經歷好幾次被詢問薦骨的時刻，然而，他又有幾次是真的依照自己的回應去執行呢？

生產者的動能是強大的，是世界的一切基礎。生產者需要與人群互動，而在互動中也一定會有人來問你問題，這是一個自然的運作法則。

生產者的健康運作：需要正確的問題

有許多人誤以為生產者等待回應是一種被動的、被使喚的，事實剛好相反，生產者的每一個回應，都是在主動拿回人生的控制權。

頭頂中心的運作是思考的壓力，這樣的壓力將化為靈感，在一個個問題當中呈現，讓我們總是想要「做點什麼」來化解。又或是受到情緒的衝動或是根部中心的壓力所影響，讓你焦灼地想著：這些事我是如此急切和喜愛，薦骨卻沒有任何正面的回應？會不會是我薦骨失靈了？

於是，我們開始希望薦骨可以回應所有「頭腦想要做的事情」，但我們能否交換一下順序？**讓頭腦願意開始去做薦骨有回應的事**，而那些沒有回應的事情，也許是暫時的，又或者只是問題不對。更重要的是，在有回應之前，我們並沒有足夠的能量完成這些事。

當問題問得不夠精確，此時，你可以請對方再更詳細地描述，畢竟生產者是一個必須與他人互動的類型，僵硬、死板的問與答不是一個合適的方式；再來，也可能是**這件事情在「此刻」並非正確的**，是我們先畫了靶再射箭，是受制約的頭腦想要做的事情，希望得到薦骨的背書。

事實上，薦骨從來都沒有失靈。當生產者健康運作，才能讓這個世界擁有正確的頻率。生產者的回應是騙不了人的，當你聽到（或是沒有聽到）那薦骨的回應，後面再多的內心話都只是頭腦的把戲，也因此，生產者才會被認為是這世上「神聖的存在」。回應並不是被動的，而是要誠實地面對與接納真正的自我，尊重自己的選擇、珍惜身上的能量，不再焦慮於那些頭腦告訴你必須完成的事情。

薦骨權威生產者：選擇自己真正有回應的事

生產者所對應做決策的方式是「回應」，那我們要如何知道這樣的決策是否正確？答案是「內在權威」。生產者只有兩種內在權威：

- 薦骨權威。
- 情緒權威（奠基在薦骨權威之上）。

薦骨權威的生產者唯一需要明白的事情是，在每一個當下遵從薦骨中心的回應並做出決定，這是拿回人生主導權的方式。

當生產者面對有回應的事情，才能有真正的能量可以運用。這是尊重自己的身體機制，選擇你真正有能力去做的事，而不是因為外在壓力、社會價值觀要求你做的事。在那瞬間，生產者便會轉化，像是收音機的調頻一樣，藉由每一次的回應，讓生產者漸漸走上正確的道路，使你的每一天都能帶來滿足。

薦骨權威的你，請記得，正確地使用你的能量，做正確的事情，因為覺醒的生產者，是改變這個世界唯一的可能。

當你對早餐店老闆娘的問題有正面回應時，你能否堅持而不要受到思緒的干擾？當老闆請你一個月後完成，你沒有回應時，能不能提出疑慮，再多一點討論，確認自己沒有回應是因為時間不足，還是因為方案不夠完善？生產者需要在這些來來回回的問答當中，一步步認識真正的自己。

情緒權威生產者：偶爾要欲擒故縱

薦骨權威的生產者活在當下，但情緒內在權威的生產者「在當下沒有真實」，意思是情緒權威的生產者，除了要等待薦骨的回應以外，必須優先考量情緒的澄澈（參照第70頁）。

這個世界上有一半的人是情緒內在權威，就比例上來說，有一半的生產者內在權威是薦骨當下的回應，另一半則受到情緒能量影響：在做決定時，應該要完整的體驗情緒週期中的高低起伏、希望，甚至痛苦。因為薦骨是振動頻率，情緒也是，情緒有3＋1種情緒週期波[2]，這樣的能量波段將直接影響到薦骨的振動頻率，而**在波型的不同波段中，薦骨的回應將會有所變化。**

對於情緒的週期性波動，我們要做的並非避開情緒低點的痛苦，也非追求情緒高點的希望，而是在這樣的上下起伏之間，得到「相對清晰」的感受。是的，相對。對於情緒權威者來說，情緒永遠沒有辦法百分之百確定，也並非如同大腦一樣屬於分析、合理化事物的機制，而是一種能量、一種感受，是身體神經系統的敏銳體會，那是一種生理上的覺察。

那麼，情緒權威的生產者實務上到底要怎麼運作？是要聽薦骨的？還是要聽情緒的？答案是「**受情緒影響的薦骨**」。

首先，記得每一個當下都不是全貌，因此，你必須要在情緒週期中，不同的點上重新確認。就像是要選出一張最美的自拍照，一定要用不同的光圈、角度、濾鏡等等，選出一個最滿意的作品。在那個相對清晰的感受中，你會體驗過全部情緒的起伏，從緊張不安漸漸趨於平靜，最後做出具有深度的決定（關於情緒週期，可參考第64頁〈情緒中心有定義〉）。

這樣的清晰需要時間，才能在能量週期波當中推進，**耐心**，將會是情緒權威的生產者必備的技能。但是耐心，也是情緒權威最大的課題：「等待是要等多久呢？」因為情緒會為身體帶來動能，等待對情緒權威者而言是極為困難的，尤其在情緒高點時，更容易衝動做出令你後悔的決定。

在此，給各位情緒權威的朋友們一個培養耐心的小技巧：**試著欲擒故縱吧！**薦骨像黑洞般的動能，乘上情緒的吸引力，雖然心裡大喊著「快來約我」，但表現出來的必須是：「是的，這件事情我非常有興趣，我需要研究一下，下週再來問我好嗎？」

你說他下週會不會來問你？絕對會的，是你的頭腦不相信而已。一旦你嚐到了等待的甜頭，耐心就會長出來了。

2 依通道分類：12-22、39-55（個體波）；35-36、41-30（抽象波）；37-40、19-49（部落波）；6-59（波的原型），第65-66頁有詳細介紹。

生產者與其他類型的互動

生產者具有影響這個世界的能量，只要生產者能夠確實回應每一個來到面前的事物，便能藉由正確的振動頻率，讓這個世界更有效能且不再充斥挫敗感。因此，我們要開啟一個新生活運動：先透過正確的問題引導出能量，下一步才進行大腦的發想。

生產者 vs. 生產者

你們可以自然地在能量場中互動，這是唯一的方式。生產者彼此之間可以藉由對話、詢問的方式，確認薦骨的回應。

我們時常誤以為生產者「被動」，事實上，生產者強大的能量隨時蓄勢待發，也隨時都在與能量場中的一切互動著。也因此，對其他類型而言，生產者「很吵」，那股嗡嗡作響的能量，一直在等待被詢問。

過往錯誤的互動模式，讓生產者在沒有薦骨動力支持的情況之下行事。然而，「詢問」並非下指令。許多生產者都體驗過，許多「指令」被包裝成問題，而生產者並不會對這樣的問題有回應，例如：「你去倒垃圾好不好？」

如果真的想理解身旁的生產者，我們應該要在意他的能量是否正確運作。包裝成問題的指令，只是凸顯出我們試圖「命令」另外一個人的行動。因此，生產者們不論在什麼樣的情境之中，面對家人、伴侶、朋友、同事或上司，都是藉由能量場間的互動，彼此確認薦骨的回應肯定與否。舉例而言：

「週末一起去吃新開的那家燒烤？」「嗯，好啊，那約中午可以嗎？」「呃。」

「可以幫我一個忙嗎？」「怎麼了？」「我不舒服想請你幫我做今天的家事。」「呃，你是不是懶得做？」「嗯。」

「你都沒有幫忙家裡的事情，回家就躺著！」「我很累啊。」「那我們可以討論一下怎麼分工嗎？」「嗯。」

「這個專案我們先訂一個月完成好嗎？」「嗯。」

「我愛你。」「我也愛你。」「那你願意嫁給我嗎？」「呃。」

另外，提一下生產者遇到**顯示生產者**的情況。

當你身邊有顯示生產者[3]時，你可能會覺得他們做事情怎麼可以這麼輕易就開始？好像都沒想清楚就做了？因此，你可能會容易和顯示

3 關於顯示生產者，請參閱〈第七章：顯示生產者〉。

生產者的伴侶或同事之間發生衝突。但這僅是因為你們的行事風格和思考方式不一樣，顯示生產者重視的是「效率」和「先求有，再求好」，這對於需要有一定行事步驟的生產者來說，是很難想像的。

不過請記得，你們都是希望事情可以變好，只是到達目的的速度和過程不太一樣而已。

生產者 vs. 投射者

首先，要謝謝投射者[4]。投射者的出現，就是要引導、調節廣大的生產者，使他們的能量保持正確，並走上正確的方向。

但偶爾遇到能量卡關的時候，生產者們不見得會意識到，或即使意識到了，卻陷在自己的挫敗感之中。而投射者能藉由適當的互動模式，就像是技術指導，讓生產者們得以脫離這樣的泥沼。

因此可以說，良好互動下的生產者和投射者，是相輔相成的運作模式。投射者需要得到生產者的邀請，而擁有薦骨的能量；生產者也需要邀請投射者，使自己在能量運轉上更有效率與效能。

「良好互動下」是前提。在投射者章節，我們會看見投射者們是如何迫不及待地表達這份著急，無法忍受看著生產者們卡關，擔心生產者沒有好好使用自己的能量。

但這份著急在生產者眼裡，並非如此簡單且能夠接受。生產者需要投射者指引的這件事，**必須由生產者辨識出投射者可以引導自己，並主動提出自己的需要**。如果身邊的投射者不理解自己的能量運作，就容易把生產者的你逼得焦慮又緊張，還會覺得這些投射者怎麼都不聽人說話，甚至想刻意關上耳朵，聽不進投射者的建議。

所以，在和投射者溝通時，記得在你準備好之後，或者需要人提點時，大方地向他們徵詢意見吧，以投射者的智慧將生產者的能量引導至正確的軌道上，讓這個世界的生命力調整為滿足的振動頻率。

生產者 vs. 顯示者

跟顯示者[5]互動的守則第一條，就是「不要控制顯示者」。

生產者與顯示者的能量極為不同，可以說幾近相反的狀態，因此，你們之間大多不理解彼此的運作。有許多生產者不能明白顯示者的行動，但顯示者的行動又是如此難以忽視，但如果生產者問東問西、管東管西，十之八九會讓顯示者感到不舒服。

當聽到「不要對顯示者發起」，你的心中充滿疑惑，是不是不能主

4 關於投射者，請參閱〈第八章：投射者〉。
5 關於顯示者，請參閱〈第九章：顯示者〉。

動跟顯示者說話了？但這其實是一個似是而非的說法，就如同我們前面提到的，任何事情都是一種發起，顯示者之所以對於「在他們面前的發起」會感到不舒服，是因為這些事情在試圖控制他們。（可以推測這樣的說法是給予顯示者各種建議、命令，或是沒有討論空間的結論。）

因此，並非再也不能主動邀請顯示者朋友出門，或是不能主動跟他們說話，不是的，與顯示者正確的互動方式就是給予詳細的資訊，而非要求服從、更不用說是命令了，對於一件事該怎麼做的決定權，請留給顯示者。而顯示者對各位的邀約，生產者們也可以依照自己的回應來接受或拒絕。

因此，真正的問題在於與顯示者相處的生產者，是否因為能量場的影響，認為自己「應當」要做點什麼，有壓力讓某些事情發生？或是因為顯示者的「不可控」，而更加想要給予關心？

與顯示者溝通，約法三章是重要的，尤其是對家裡有顯示者小孩的家長更是如此，對於無法預期、不可控的顯示者小孩，用「命令」、「要求」的方式，只會壓抑孩子的本性，最終導致他們以憤怒、反叛的方式展現，甚至與家人變得疏離。當然，會有很多家長認為孩子需要「教」，但兩者並不衝突，顯示者在孩童階段需要「請求允許」，便是家長「教育」的過程，讓孩子知道為什麼，並討論做決定的細節、學習溝通能力，才是讓顯示者孩子自信成長、理性和平的溝通方式。

生產者 vs. 反映者

反映者[6] 獨特的設計，讓他們每隔8到12個小時，在能量上就會有所不同，當然他們的心境、狀態也都會有所不同。

這與生產者那穩定、穩固持續輸出的能量截然不同，因此，生產者在與反映者互動時，切記**要給他們更多做決定的時間**，也不該期待反映者對同一件事情會有一樣的感受。

反映者是來體驗這個世界的，這個由生產者一手創建的世界。因此，當生產者遇到正確運作的反映者時，只要給他們足夠的時間，反映者將給予生產者最真實、最全面的回饋。

---

6 關於反映者，請參閱〈第十章：反映者〉。

PRACTICE

訓練你的薦骨回應

對生產者的能量運作有一定認識後，讓我們來練習薦骨問答。

首先，這樣的練習必須要與你信任的人一起進行，藉由一連串的、各式各樣的問答過程，讓生產者可以藉由薦骨的回應來重新認識自己的本質，而這也是在讓我們的腦袋逐漸地明白，它最適合的工作是成為薦骨的戰友。

接下來，正確的問題很重要。舉例而言，一樣是要點飲料，「你想要喝飲料嗎？」跟「你想要喝紅茶嗎？」是不一樣的，更不用說紅茶是要冰的熱的加珍珠無糖還是半糖？

最後，反覆不斷地練習，並將問問題的習慣放在生活中，自然地與身旁的人們互動。

薦骨問答並非生硬的、遙不可及的神祕儀式，而是生產者每天的日常縮影。留心的話，你會發現生產者對於並非問句、但與自己共振的事情，也會一直發出「嗯嗯嗯」的聲音呢。

▶ 正確的人

就像走在路上有個陌生人跟你求婚：「你願意嫁給我嗎？」你不會有回應；不熟又煩人的親戚問你今年有沒有要結婚，你不會有回應；但是，當親密的另一半問你愛不愛他時候，薦骨會在第一時間做出回應。

前面提過生產者的能量場開放無邊界，因此，與正確的人互動，事實上也可以幫助生產者遠離不和諧的振動頻率，是一種保護措施。當然，此時薦骨沒有動靜是正常的，因為能量很珍貴。

▶ 正確的時間

承上，就算是正確的人，在錯誤的時間求婚，你也不會有回應的（例如正在拉肚子）。這點對情緒權威的生產者尤其重要，此刻的回應可能是30%，但也許幾天後會有70%的感受。

其他諸如「要不要立刻分手？」「想不想離職？」「要不要再吃一片蛋糕？」也是如此，有時候是詢問的時間點不適當。

▶ 正確的問題

前面不斷提到，正確的問題很重要，但是因為我們不習慣，所以這一點才需要練習。記得掌握這個訣竅：眼前的生產者在能量的前進上卡關，你必須找到癥結點，讓能量得以釋放。下列提供一些日常生活中，在不同情境之下常見的問題，你可從這些問句當中依需求加以變化：

家庭與生活篇

- 要不要吃巷口新開的滷味？
- 可以買一台洗碗機拯救我們的婚姻嗎？
- 現在是不是不想動？那就先休息一下？
- 我想吃下午茶，要不要一起訂上次路過的那間珍奶？
- 要不要來我家看貓？

職場篇

- 你最近好像很晚下班，這陣子比較忙嗎？
- 週五要不要一起喝酒放鬆一下？
- 聽完剛剛的說明，有沒有不懂的地方？
- 手上的專案，這禮拜會有新進度嗎？

認識自我篇

- 你喜歡吃蛋糕類的甜點嗎？
- 我看你都吃麵，是因為你喜歡吃麵食類的食物嗎？
- 你跟〇〇曖昧很久了耶，你現在還喜歡他嗎？
- 我小時候有練過游泳，你喜歡游泳嗎？

當然，做這份練習時，與實際生活中會有情境和感受上的差異。要知道，我們每一個人在生活的時候其實是自然對談的，所以練習時盡量放輕鬆，也要明白這是無法一次到位的，重新找回薦骨的感受是一個訓練心智的過程，也是長期抗戰。也可以試著在練習的過程中聆聽自己回應的聲音，當你聽過一次，你就知道那樣的振動頻率，與我們語言當中的「嗯」是不一樣的。

POINT　活化薦骨運作的祕訣

其實，薦骨一直都在運作，只是我們平常沒有發現而已。尤其身旁的人很少會真的問我們薦骨是非題，或是在不正確的時候問了不正確的問題。

久而久之，我們就習慣用大腦做決定，而不是讓自己與正確的振動頻率共振，因此，瑪麗安（Mary Ann）老師提供了一個音頻，這個音頻是一種振動頻率，你可掃描如右 QR Code 聆聽，以習慣那個震動感，有助於活化薦骨（梵音哼唱則有許多不同版本的音頻，可自行在 YouTube 搜尋）。

梵音哼唱

迪吉里杜管

“「效率」是將事情做正確，
「效能」是做正確的事情。” ——彼得・杜拉克

“Efficiency is doing things right. Effectiveness is doing the right things.”
——Peter Drucker

第七章

顯示生產者
——走在所有人前面

為效率而生
多工達人
先求有再求好

以效率為中心的人

我知道各位顯示生產者，想必跳過了前面生產者的章節，直接翻閱到這章了。在我們開始介紹顯示生產者與純生產之間的差異之前，請你一定要先回頭看看〈第六章：生產者〉，因為它詳細講解了「適用於所有生產者」的運作。

各位顯示生產者，因為你那固定運作的「薦骨中心」，相當於擁有一個開放且包覆的能量場，你其實就是不折不扣的「生產者」：藉由在能量場當中一個又一個的回應，讓這個世界充滿了生命力，建造並改變這個世界的頻率。

但「顯示生產者」與「純生產者」的確有不一樣的地方，就是在於顯示生產者當中的「顯示」能量。

類型	策略	非自己主題
顯示生產者	等待回應	挫敗

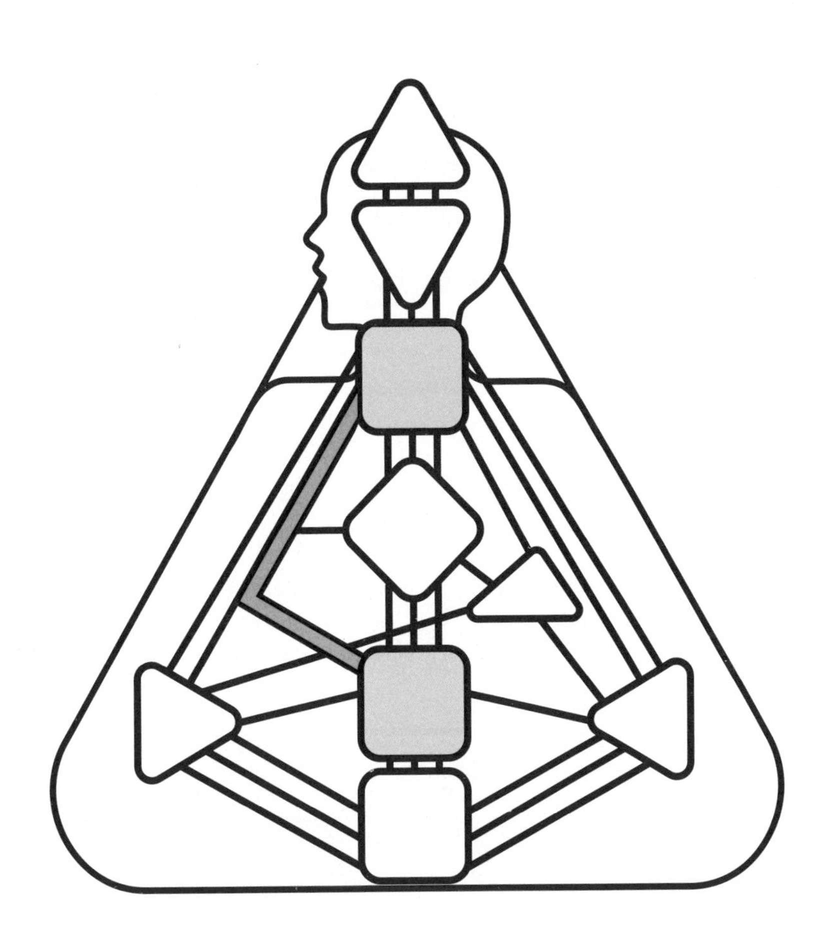

顯示生產者的人類圖範例

持續顯化的能量

大家可以回想一下前面九大能量中心的說明，當一個人的薦骨中心因為任一條通道的接通，有著固定的能量運作，薦骨中心的啟動決定了能量場的類型。透過〈第五章：一個顯化中心〉的說明，我們可以明白喉嚨中心是一個將一切顯化的能量中心。**當喉嚨中心與薦骨中心連結時，這樣的生命動能（通道）將會持續「顯化」薦骨的能量。**

持續顯化的薦骨能量，表現在整體振動頻率上。

我們常常說顯示生產者「動作很快」，但其實並不單單是表面上的動作很快，而是整體的振動頻率高，進一步地帶出動作快的表象。我在課堂上會做的比喻很簡單，顯生就像是瑪莎拉蒂跑車，油門踩了就往前衝，時速在瞬間從零拉高到一百；而薦骨與顯化中心沒有相連結的純生產者，並沒有那個持續把薦骨動能顯化的連結，就像是需要打擋的手排車，一檔、一檔地往上加。

因為頻率高而動作快的顯示生產者追求「效率」，這個效率不見得是手腳多俐落，但是「**先求有再求好**」，絕對是顯示生產者行為準則之一。每個人都希望自己能把事情做好，但對顯示生產者而言，這個過程並不是一開始就會完美，而是先快速有一個基礎的架構出來，在來來回回修正之間，達到最佳型態。這就是顯示生產者的「效率」：在最短期間內，產出一個行得通的雛形。

沒有高原期的多工者

「顯示生產者」與按圖索驥的「純生產者」有極大的不同。純生產者會在達成目標的過程，遇到所謂的「高原期」，就像是手排車在停紅綠燈，或上坡起步會熄火一樣，在能量輸出時容易遇到撞牆的瓶頸。純生的能量曲線表現會隨著時間，上升的幅度趨緩，在達到某一程度時逐漸停滯，不再向上攀升。在高原期的純生產者，會明顯感受到能量停了下來，需要靜待再次被詢問薦骨問題之後，才能再次啟動能量。

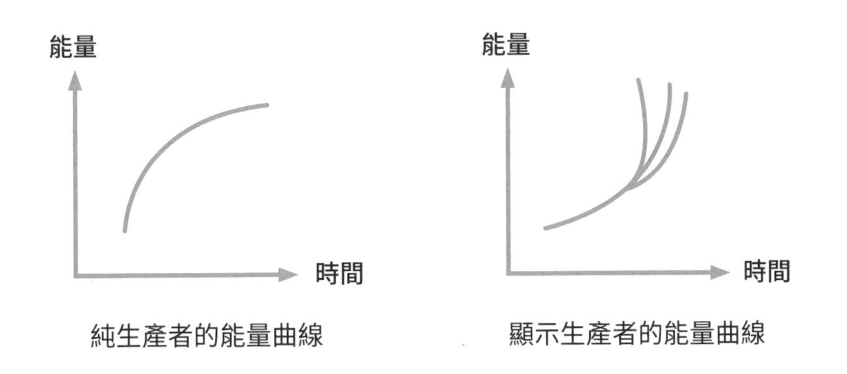

純生產者的能量曲線　　顯示生產者的能量曲線

然而，顯示生產者並不會經歷這個過程。持續顯化的生產動能不容小覷，就像跑車不適合在上下班車潮間緩慢前進（或根本沒有前進），因為能量頻率高、無法暫停在高原期的顯示生產者，能量經常「以跳躍的方式前進」，他們只要一遇到阻礙，便會轉往去進行其他任務，這也是為什麼顯示生產者總是可以多工處理，同時將能量分散給很多不同的事情，能夠跳過純生產者「按部就班」的許多步驟。

顯示生產者的為難：
如何放慢，等待回應？

顯示生產者這樣高頻率的設計，是優點也是盲點。

當喉嚨中心直接或間接地連接到任四個動力中心之一（意志力中心、情緒中心、薦骨中心、根部中心）時，那是一個「向外發起」的能量，但同一時間，薦骨中心固定運作所帶出來的能量，**是「向內吸引，並且會引來人事物產生回應」的。**

由於顯示者沒有固定運作的薦骨中心，因此他們向外發起的能量場與生產者恰恰相反，是「封閉且對外排斥」的，這樣的設計讓顯示者可以直接地將想法顯化（詳見〈第九章：顯示者〉）。

同時擁有「顯化」與「持續」的能量

然而，顯示生產者在這裡產生了一個矛盾：明明需要等待事情來到面前回應，但是體內卻有一個動力搶先執行。

在這個同質化的世界，**「顯示生產者」跟「顯示者」常常會互換角色。**「顯示者」像生產者一樣使用他所缺乏的能量，企圖延續所有他們發起的事情；而「顯示生產者」則反過來像顯示者一樣，發起所有只能短暫存在的事情，擱置強大的、可延續所有事物的生產動能。

然而，唯一可以改變這個世界的，只有生產者。因此，生產者正確使用薦骨動能是重要的；顯示者所發起的事物，如果沒有生產者回應，那麼它不會存在也難以長久。而同時具有「顯化」和「延續」兩種能量的顯示生產者，遇到了一個最大的難題：顯化的能量比起生產者能量來得明顯，但一切的挫敗感卻也都來自於此。

這個向外顯化的能量，讓顯示生產者的動能頻率高，能量無法停留在任何可能發生的阻礙和瓶頸上，所以顯示生產者常常多工執行、凡事先求有再求好、跳掉一些麻煩的步驟，反正再修正就行了。甚至會因為這些來回修正感到厭煩，想著：「不如再去做點別的事情吧？」這讓他們更容易做出決定，並跳過「等待回應」的步驟，一再地付諸行動。

顯示生產者的挫敗

如果還記得〈第六章：生產者〉說到的「頭腦會騙你」，這點在顯示生產者的身上跟純生產者也略有不同。純生產者因為沒有持續顯化的動能，想要發起其實相對容易感受到挫敗感，在本能上並不是那麼喜歡「發起」新事物，在學習「等待回應」的過程，他們感受到的抗拒是：「如果我沒有主動做這些事情，我能夠實現自己存在的價值嗎？」

相對的，顯示生產者並沒有這樣的困擾，就像前面說的，顯示生產者一直都是個「**偽顯示者**」，發起是他們的一部分，能量卡關就換一個目標，山不轉路轉，眼前的事體驗完了，能量就迅速切換到下一件事。

「發起」這個動作對顯示生產者來說，是如此地自然，跟純生產者比起來，完全不需要刻意為之。與顯示者相比，顯示生產者甚至多了一個強大的薦骨生命力，顯示生產者就像是這個世界的王者一樣，橫掃千軍。因此，顯示生產者們從來不認為自己在發起，每一個舉動都是回應，因為身體自己動了起來，想都不用想，也因為是身體的行動，所以頭腦就告訴你了「這是回應」。

請記得，顯示生產者的人生策略一樣是「等待回應」。試著想想：有人問你薦骨問題嗎？你們在能量上有互動嗎？當薦骨有定義的生產者，沒有正確使用薦骨的能量時，薦骨的能量不會自動消散，只會讓你不斷地試著再做更多更多事情，亂槍打鳥，總是會有一個中的。

總結而言，顯示生產者不是沒有挫敗，他們只是假裝沒有挫敗。有些人會認為，顯示生產者其實**多了顯示者的非自己主題：憤怒**[1]。然而，顯示生產者在這裡感受到的並不是顯示者的憤怒，那比較像是事情沒有辦法好好完成時的「暴躁」。這也導致了在能量上試圖避開挫敗感的顯示生產者，不只依然挫敗，還容易暴躁。

運用你的薦骨動能

每一次卡關、每跳過一個步驟、每一次的多工執行，都是一個能量分散的徵兆。我們現在可以理解，為什麼顯示生產者比純生產者更難等待回應，就是因為兩股截然不同的能量在體內拉扯。如果顯示生產者希望自己可以減少挫敗感與暴躁的日常，或自己的能量能夠集中不再分散，就要讓強而有力的薦骨動能完全發揮。可以試著這麼做：

行動之前多與他人討論，藉由能量場互動引發薦骨的回應

顯示生產者時常跳過這個步驟，還沒等待正確的問題來臨，也沒有仔細聆聽薦骨的回應就展開行動，這是相當可惜的。強而有力的薦骨動能如果可以用最有效率的方式顯化，可以想像會多麼「有魅力」。

最能代表顯示生產者的，就是20-34（魅力的通道）[2]，正確的忙碌會讓他們擁有強烈的熱情，不僅能讓周遭的人也同樣充滿活力，還能成為人們最佳的助力。但如果沒有正確回應，便會像無頭蒼蠅一般瞎忙。

列出一個清單

這是人類圖的發起人拉．烏魯．胡給予的建議，他認為顯示生產者們光是知道自己本能上會跳步驟是不夠的，如果可以在執行前藉由薦骨問答來「列出行動清單」，便可以減少來回修正所產生的暴躁與不耐，在執行上也會變得又快又好。

---

1 關於顯示者的憤怒，到〈第九章：顯示者〉會再詳加說明。

2 20-34通道，即為顯示生產者喉嚨中心與薦骨中心相連的通道。

當遇到與自己不同節奏的人

我們時常有一個盲點，在遇到與自己截然不同的設計時，會反射性地以自己的方式，認為對方應該也要跟自己一樣。在不認識人類圖的情況下，這是一個很普遍的情形，但是藉由簡單的類型區分，我們便可以在基礎上理解許多底層的運作原理，以及可能產生的結果。要能夠同理並尊重他人與自己的不同，不再如過往般困難。

顯示生產者們不懂為什麼人們總是要他們慢下來？除了不明白慢下來有什麼好處之外，最根本的問題是，要怎麼慢下來？這個深植在能量上的運作要如何改變？

追求效率的顯示生產者 vs. 按部就班的純生產者

過去在教學現場，有時會遇到顯生和純生互相對彼此運作的無法理解，純生認為需要一直修正稱不上效率，但對顯生而言，修正又如何？我都修正完了純生可能還沒開始！

這樣的互嗆不只發生在課堂而已，日常生活中，尤其在職場上相當常見。比方說，合作廠商要求先產出一個大略的方案，但是很多事情並不存在「大略」的方案，要寫出方案就必須有一定的程序；主管希望可以先依照開會討論的大方向給出一個企劃，但企劃給出來之後又不斷地修正，最後的成品可能已經不是最一開始的方向。這就是純生的心聲。

而顯示生產者對於效率本能運作這點，在其他類型者眼裡，尤其是對純生產者而言，其實不那麼直觀。當然，我們在這個世界上的每一個人都是被訓練來追求「又快又好」的工作效能，並不是顯生就會漏東漏西，也不一定純生就會慢條斯理，而是雙方在整體頻率不同時，溝通上會有很大的落差。

因此，當顯示生產者用自己的速度和方式，支配整個世界的時候，其他不同的類型是否也因為不理解、不習慣而試圖改變他們天生的模樣？能否在尊重彼此的前提下，找到可以互相合作的平衡點？讓我們回到最根本的核心，從能量場的運作中回到相對應的人生策略，而這個策略將協助我們在日常做決定時，減少不必要的阻礙。

顯示生產者在「等待回應」時，的確比起純生產者更需要練習，但在每一次有回應的行動上，同時也是最強而有力的執行者。如果能好好與身旁的每一個人對話，藉由溝通帶來正確的互動，也許這個世界便可以少一點挫敗和暴躁感。

“成功不是你賺了多少錢，
成功是你在他人生命裡做了什麼改變。”
——蜜雪兒．歐巴馬

“Success isn’t about how much money you make.
It’s about the difference you make in people’s lives.”
——Michelle Obama

第八章

投射者
——有滿滿的抱負無處抒發

有沒有人想聽我講話
快來問我！要來問我了嗎？
最強萬事通

成為他人的力量

有一群人，他們的出生就是要引領這個世界，讓這個世界的能量正確運轉，讓人人適得其所，這些人，就是「投射者」。

投射者（Projector），約占總人口21%。他們擁有「聚焦且吸收資訊」（focused and absorbing）的能量場，就像探照燈一樣，得以照進每個人的心裡。

類型	策略	非自己主題
投射者	等待邀請	苦澀

擁有聚焦的能量場，
讓投射者得以辨認真正的問題

讓我們用「能量」的角度來理解投射者的運作方式。多數投射者和生產者相比，並非是充滿能量的類型，而是「向外聚焦、吸收讀取」（focused absorbing）的設計。這樣的運作模式，**讓他們可以清楚地看見能量正確運作的方式**。在這個充滿忙碌生產者的世界中，判讀誰具有真正的能量，而藉由準確的判斷，投射者便能夠在其中「借力使力」。

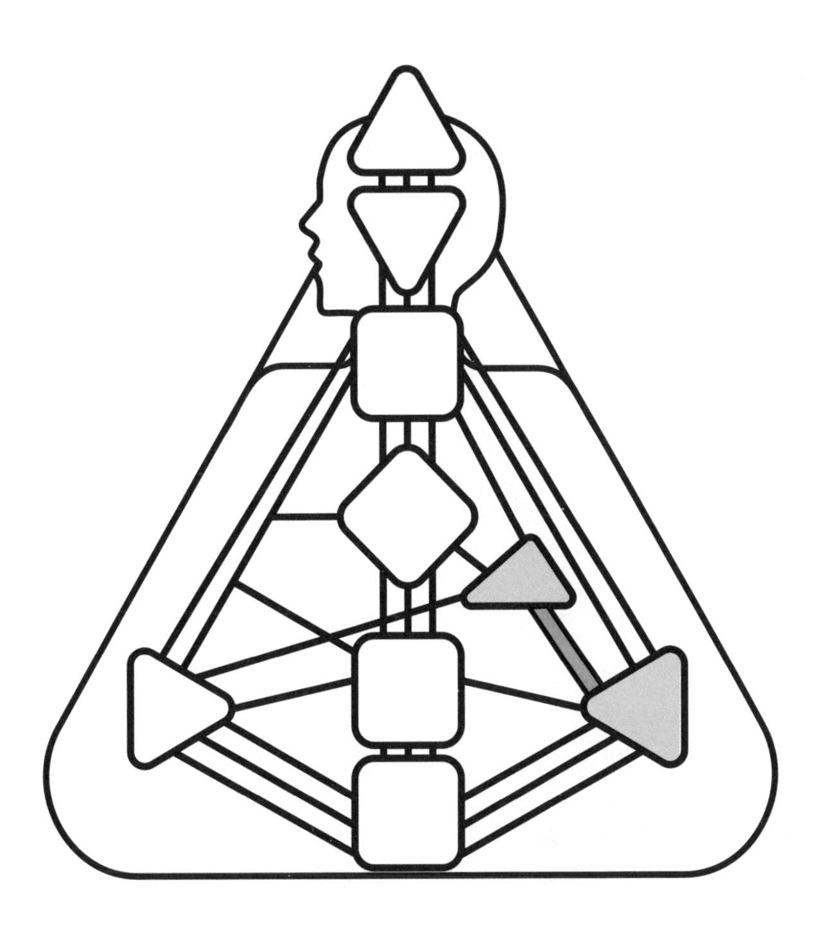

投射者的人類圖範例

所謂「聚焦」的能量，若要做個比喻，它是一盞聚光燈，打亮著舞台上的人，直直照進對方的G中心裡（關於愛與方向的能量中心，詳見〈第四章：一個定位中心〉）。這樣的能量場，就像看進對方靈魂深處般，讓投射者得以辨識出他人的天賦與才華。

也因為這樣的設計，在三人以上的能量場中，必然會有人感受到被投射者注視，而其他人則感覺像是被忽略一樣。

因此，比起在一個大型能量場的環境中，**投射者更擅長「一對一」的引導模式**。如果你是一位投射者，相信曾經感受過自己身在一個群體當中時，心裡清楚每個人應有的角色定位，比方說：誰被放錯位置了、誰還可以加把勁、這件事情應當怎麼處理、哪些不需要花費這麼多心力。這是投射者特有的能力。

如果有同事來詢問你的意見，你通常都能將事情分析得頭頭是道，既清楚又有條理。若是朋友有什麼煩惱跑來向你訴苦，你也會直接為對方提出一個最佳解，找出問題的癥結點。

擁有讀取的能量場，
讓投射者不自覺受到他人影響

投射者的能量場同時還有「讀取」的設計，這樣的讀取能量到底是怎麼運作的呢？我們來做個比喻，那就像是穿進他人的鞋子裡，實際

感受它的溫度，踩在什麼樣的地面、走過什麼樣的路。如果遇到健康的、正確的能量，便如同踩進雪白柔軟還帶著芬芳的棉花當中，或者底下是富有彈性、完美支撐的運動鞋墊。

反之，若踩進錯誤的能量場，對於投射者而言，除了悶熱不舒服以外，殘存的能量甚至會像「黴菌」一般如影隨形。用這麼不舒服的比喻，是為了要設下一個警語，投射者如果長期身處不對的能量場，最終可能會影響到自身的健康。

當身為投射者的你感到不舒服時（無論是身體或心理），請記得剛剛「穿鞋子」的比喻，同時**提醒自己：不是每一個能量場都適合你**。能量健康運作的投射者，才會是下一個世代的領導者，並且在這個生產者為多數的世界當中，成為眾人的指引。

能量場的困境：
迷途的你，是否看見自己身上的光芒？

投射者在生活中可能會有以下類似的經驗。比方說，來到了一個陌生的新環境，試圖融入在人群裡時，感受到他人的挫敗與憤怒，但對於他人的滿足和成就，你卻無法有同等的喜悅。在追求認可的過程當中，你不停自問：「那我呢？」「有人看見我的存在嗎？」「我的努力有被看見嗎？」

投射者聚焦的能量場，讓他們對於所處環境中的一切看得相當徹底，也看得心焦，這使得投射者真的像「住在海邊」一樣，忍不住想對周遭的事情發表意見：「為什麼大家都不來問我呢？我明明就知道答案的啊！」

然而，容易對所有能量來者不拒的投射者，因為融入在他人的能量場裡，不停向外看的特性，會導致他們只看見他人的好，卻忽視了自己的才華與存在。

投射者時常不明白為何要等待邀請，他們以為成功就是世俗認定的「功成名就」，於是積極地追尋目標、發起行動，試圖融入團體、指引眾人迷津。投射者既聰明又努力，不論是在職場上還是生活上，事情都很容易「成功」，但不知道為什麼，總會在疲憊的一天後，有股苦澀感悄悄來襲（我們下一節就來解釋投射者的苦澀感從何而來）。

他人的成功才是投射者的成功

投射者內在權威的類型是種類最多的，但就像前面提到的，投射者屬於「非能量類型」。無論投射者的能量中心，有多少無定義、多少有定義，投射者與生產者、顯示者等能量類型者不同，**投射者並非來「使事情發生」，或是「完成事情」的**，因為投射者並不像顯示者般有持續輸出的動能，也沒有生產者強大的生命力（生產力）。

這樣的設計，讓投射者更渴望獲得穩固的能量，深深地被這個世界所制約與影響。也因為總是向外追求能量，他們時常誤以為自己是顯示者或生產者，而那股放大的能量，讓投射者誤認為那是自己的能量，最後導致他們努力投入在工作之中，或者用心為某段關係付出，以為這就是被看見、被認同的方法，卻使自己不但筋疲力盡，還感到枯竭又空虛。

投射者時常有著滿腔懷才不遇的怨嘆，明明自己才是團隊中唯一沒有在瞎忙、瞎攪和的人，但這些努力似乎都在為人作嫁，最後的成果與鎂光燈似乎總是不在自己身上，也因此陷入了糾結：「那可能是我還不夠努力吧？雖然很累，但為了被認可，就再多做一點、多體驗一點、多參與各種人際互動吧！」

然而，比起在海面上乘風破浪，投射者更像是海邊的燈塔，若是能引領迷途的船隻走在正確的航道上，看著大家實現自己的目標，投射者的內心才能得到真正成功的滿足。

想當遊戲主角，人設卻是 NPC

能量中心連結的方式，形成了我們的能量場，總共有四種不同的運作方式，我們幫這些能量場取了名字叫做「類型」。因應這些能量運作方式，不同的類型擁有不同做決定的「策略」。而投射者的策略則是「等待邀請」。

投射者的領導特質

上一節提到，投射者是未來的領導者，可以成為眾人的指引。在此要說明的是，這裡所謂的「指引」並非單純地「下指導棋」，而是投射者必須真真切切地進入他人的能量場之中，穿他的鞋、走他的路，體驗到對方的能量在什麼地方卡關、設想對方在團體中的扮演的角色與可能的發展。

這樣的領導，並非傳統觀念中，登高一呼、萬眾追隨的領導模式，而比較像是顧問，能依照他的專業給予分析。在充分理解整體能量運作後，投射者可以提供個人或團體最佳的建議，**讓每一個人都處在正確的位置，發揮他應有的實力。**

這樣的能量協調、給予引導不一定是發生大事的時候，也許只是朋友間的心情訴苦、公司同事的工作難題，透過每一次讓能量正確運行，都是在微調這個世界的能量共振，而這就是投射者所追求的成功。

投射者的難題：苦澀與等待

當投射者給予指引時，需要進入他人的能量場之中，與其他類型的人互動，但投射者向外聚焦的能量場，卻又像是帶著強光的手電筒，照著對方的眼睛問話一樣，容易使他人感到不舒服，可以想像投射者這樣的能量似乎不會受到歡迎。

這也是為什麼投射者這樣的類型，人生策略會是「等待邀請」的其中一個原因。

以生產者為例，若一個生產者「有回應」時，他的能量場會開啟並接受投射者的指引，此時的投射者是被接納的，而投射者才得以「運用」這股能量。反之，在生產者沒有回應的時候，投射者的能量是不被接受的。此時，投射者會被能量的反彈給波及，傷敵一千自損八百，即使雙方在表面上看起來有說有笑，底層深處看不出來的能量耗損將讓彼此都疲憊不堪。許多投射者因為不理解這一點，而在人生中累積了許多的苦澀。

苦澀（bitterness）是什麼？苦澀就是**「當一件事情無法如預期成功時，所感受到的憤怒與各種不愉快的感受」**。事情為什麼會不成功？

因為投射者無法在彼此之間協調能量；而投射者無法協調能量的原因即在於：「**沒有得到正確的邀請**」。

投射者的「等待邀請」，可以廣泛應用在所有事情上：小至日常的聚會聊天、大至工作的合作邀約，舉凡所有與他人互動、能量場交流的事情，都該等待邀請。這時投射者內心會產生一個疑問：「我只能被動等待嗎？」

現實社會的嚮導，遊戲裡的 NPC

讓我來做一個簡單的比喻。大家有玩過 RPG 嗎？也就是角色扮演遊戲。根據維基百科的解釋，指的是「玩家透過操控遊戲角色與敵人戰鬥，提升等級、收集裝備和完成遊戲設置的任務，並體驗劇情」。而一路上的各種遭遇（如戰鬥、交談、會見重要人物等），則是玩家人物成長及遊戲進行的重要關鍵所在。

投射者因為看得太透徹，時常以為自己是擁有上帝視角的玩家（player），急急忙忙想要跳入遊戲的世界裡，主導事件的發展。但投射者啊，**非能量類型的你們不是玩家，而是「NPC」**，是不受玩家操控的遊戲角色（non-player character）。

不要以為 NPC 只是小角色，他們可是遊戲中的「重要人物」。雖然每個玩家在遊戲中都有自己的任務，無論是主線任務還是支線副本，但許多時候玩家要過關，必須要找到正確的NPC。腦袋裡整合了眾多資訊的NPC會給前來拜訪的玩家線索，甚至成為接下來任務中不可或缺的夥伴。

NPC在遊戲中，可是帶動劇情發展的主要推手，但因為我們活在這個同質化的世界，讓我們彼此都混淆了自己的角色與定位，導致許多玩家放棄主線任務到處開副本；負責給任務線索的NPC不在崗位上而搶著玩主線；應該站在後方補血的補師卻衝到前線當肉盾⋯⋯漸漸地，現代社會中的我們，其實已經迷失了自我與方向而沒有察覺。

急於想幫助他人的投射者

其中，投射者時常遇到的狀況是，外在的能量在開放與不開放之間，他們讀取到、可利用的能量也感覺若有似無。這使得投射者容易產生一種「錯覺」：認為自己掌握了所有局勢，也已經將全部的通關技能點到最滿了，將一場遊戲看得如此透澈的投射者，卻不明白身旁的這些傻瓜們為什麼總是看不清，於是不禁想著：「那不如我來做吧？」

也許真的會比較有效率吧？這在世俗的標準裡是「成功」的，但是你內心的苦澀卻會隨著人生的推進，在無形之中慢慢累積。不知不覺中，總被視為多管閒事的你，便開始壓抑天生的鋒芒，甚至懷疑起自己的價值，一點一點失去了自信。

當其他人在他自己的任務當中，依照他被賦予的使命好好通關，他將會遇見正確的NPC，找到那位在關鍵時刻給予正確指引、成為夥伴的重要人物。這就是**「邀請」的意涵：投射者的角色被看見了。**

投射者要追尋的，向來不是扛上裝備在前線衝鋒陷陣，而是等待那個前來尋求線索的初心者，他會說出正確的密碼，而依照你的內在權威，你的內心會知道是否正確。

轉為積極的等待

認識自己的定位後，我們來談一下「邀請」。並不是口頭上說「我邀請你」就是個邀請，否則我們就邀請投射者做沒有人要做的工作就好啦？對於投射者來說，所謂的邀請，是能夠「辨識出」投射者的長才，並且真切地邀請他們給予指引（下一節中，我們會再來談談如何實際辨認邀請）。

因此，投射者的策略應該進一步定義為**「積極地等待邀請」**。

積極的部分在於「培養自己的長才」，我們常常說要投射者做自己喜歡的事情，但如果你喜歡的事情只有休息睡覺，那可以想像，一些比睡覺更動態的邀請很難上門。在此需要先提醒一點，許多邀請其實是「任務式」的，看見你可以發揮長才的任務，不代表其他每個類似的任務都適合你，至少，也許當下不適合你。比方說，小羊因為能言善道，而時常在開會時被主管詢問她的建議，但不代表之後的會議她都該接下這個發表意見的「任務」。

但是，許多投射者會跳過「積極等待」的步驟，因為太急著想要證明自己的價值，或者害怕得不到他人的賞識，而妥協或勉強自己接受任何邀請，這樣一來，便會造成錯誤的能量交換。

而錯誤的能量交換指的是，和其他類型長期待在一起時，比方說生產者，投射者會因為讀取到生產者的能量，便誤以為自己也是生產者，融入在強大的動能之中而無法自拔，不知不覺放大了這股能量。因此，投射者要懂得分辨與釋放能量，別被不是自己該承受的事情（動能）給壓垮。

記得，投射者的精力很寶貴，在被認可並且得到邀請後，再去發揮你的長才。而獲得邀請的投射者能夠「借力使力」，才會是你們健康運用能量的方式。

投射者的苦澀：如何被看見？

人們容易以為「等待邀請」相當簡單，所以我們常常聽到其他類型的人質疑投射者，為什麼都不乖乖等待邀請就好？明明只要坐在茅廬裡，就會有人三次前來拜訪不是嗎？投射者們究竟在急什麼呢？

關於這樣的策略，我們可以從兩個面向來討論：一是「邀請」，二是「等待」，來看看投射者的難題。

真正的邀請：辨識出投射者的長才所在

「邀請」，不單單是字面上的「嘿，我想邀請你加入我的團隊」、「我想要請你帶領我們」。更根本的運作，是邀請這個動作的背後，你「看見投射者的在這個領域的才能，對這樣的才能表示認同與贊揚，希望可以藉此得到指引」。然後你才會做出邀請投射者這個動作。

還記得我們在前面提到的難題嗎？投射者總是向外看，看見他人的盲點，但難以往內看見自身苦澀的來源。

這個社會總是用相同的標準，來要求所有不一樣的個體。這點在投射者身上更加明顯，因為他們總是看著他人，尤其是周遭人的優點、成功經驗、成就與喜悅。再加上投射者並非能量類型，容易陷在他人的能量場中而不知道要抽離，導致他們以為自己要追求的就是這些「他人的成功」。

因此，我們在這邊先釐清一下，其實並不是沒有邀請，而是我們誤會了邀請的本質。很多投射者一直以為所謂的邀請，是被邀請掌握全局、成為團體中主要的帶領者。受制約太深的投射者，看不見自己殷殷期盼的邀請，其實發生在**每一次身旁的人請求協助。**

明白邀請的意涵之後，接下來我們可以討論投射者策略的另外一個面向：「等待」。

等待的同時，努力成為單一或多個領域的專家

我們一直不斷提起投射者的能量可以看清局勢、解開卡住的能量，引領能量類型的人們正確使用，讓身旁的每個人都可以適得其所。如同前面說的，投射者看得心焦：「怎麼還沒有人來請我指引呢？我明明已經知道答案。」

我們為什麼會邀請投射者？試著想想，當你有個專案要尋找顧問，你會尋求一個有能力、有資歷、能夠在實際運作上給予建議的人，而不是說得一口好功夫，但仔細一問其實只是個江湖術士，順著你的話講得天花亂墜的對象。

簡而言之，**投射者應該要在一個、多個領域成為專家。**

前面提到投射者要做自己喜歡的事情，這就是背後的原因。對於投射者而言，這是累積自己實力的過程。

投射者的天賦，同時也像是詛咒。身為NPC的投射者早已看見結局，卻忘了自身的能力可以精進，就如同電影《脫稿玩家》，NPC並非沒有生命的角色，咖啡店的咖啡師也並非只能每天都做一樣的美式咖啡加兩匙糖，他可以學習卡布奇諾，可以學習冷粹或手沖，他可以成為咖啡界的大師。

「花若盛開，蝴蝶自來。」這句話因為廣為流傳，人們已經聽到麻木無感，但這句話卻在在是投射者「等待邀請」的真諦：投射者必須要先滋養自己、使自己成長。

當你成為專家時，自然而然會被看見，而被看見的投射者必然會得到邀請，得到邀請之後便可以利用吸收讀取的能量場，成功協助大家更有效率、提高效能。

但投射者的聚焦讀取的能量在此也容易產生盲點，原因在於太恐懼自己的才能不被看見，在尚未足夠精進能力之前，就急著跳出來想要詔告天下自身的才華，甚至誤以為自己也應該成為鎂光燈下的角色，而暴露在錯誤的場域之中，備嚐苦澀。

投射者的等待邀請，應該是一個積極前進的過程。要知道，那種為了證明自己很厲害、跳到舞台上，讓大家看見的起心動念，並不會讓你得到任何的賞識。

當你遇到不正確的邀請

基於以上的各種原因，投射者容易對於來到面前的邀請全盤接受，但並非每一個邀請都是正確的。還記得我們提到那個「穿鞋子」的比喻嗎？投射者如果沒有依照自己的內在權威來區分正確的邀請，將會陷入錯誤的能量場當中，不但沒有能量可以正確運用，反而會使得自己筋疲力盡。

是的，錯誤的邀請，會讓投射者沒有能量可以使用。

正確的邀請，代表生產者對投射者「聚焦讀取的能量場」是開放且接受的，我們前面提到，一切關於投射者可以成功指引他人的美好運作，都必須建立在投射者「被允許」使用這樣的能量，一旦生產者豐沛的生產動能是開放的狀態，投射者才能借力使力，並在其中如魚得水。反之，投射者將感到吃力，又因為沒有人想做，只好自己把事情全部攬起來做，耗損身體不談，還會累積人生中的苦澀。

由此可知，正確的邀請太重要了！被認可不代表正確的邀請。至於要怎如何判斷邀請是否正確，我們則要借助於「內在權威」。

情緒權威的投射者

有一半的投射者是「情緒內在權威」，等待邀請對他們來說更加困難了。無論你的類型是什麼，只要你的內在權威是情緒中心，就必須謹記「等一下」這個原則，而對情緒權威的投射者來說，一個邀請是否正確，也必須放在情緒裡感覺。

這對投射者而言，是容易感到人生快要窒息的時刻：好不容易來了一個邀請，不但要我等，還有可能要拒絕這個邀請？是的。長遠來看，這才是健康且正確的方式。

在此也提供所有情緒權威的投射者一點生活實用小技巧：不要直接告訴對方「我要等待情緒週期」、「我再想想」、「再跟你說」，這在生活中要不是被認為中邪，就是被當成拒絕。

「這件事情很重要，請給我一點時間。」當你誠懇地回應，能夠尊重你情緒週期的邀請，才是真正地看見你。

請投射者們相信，只要能察覺到內心的熱情所在，在你投入真正喜愛的事物時，你們將充滿魅力又自帶光芒；另一方面，也請繼續精進自己的專業領域，邀請的機會便會接踵而至。最後，善用你與生俱來的能力，在他人需要的時候給予建議，便能為對方帶來真正的協助。

直覺權威的投射者

投射者的內在權威種類是四個類型中最多的，除了情緒權威以外，投射者內在權威的另一大宗就是「直覺權威」。

約有33%的投射者屬於直覺權威。而直覺權威的運作完全與情緒權威相反，**直覺的運作只會出現在「當下」**，根據設計的不同，每個直覺權威所接受到直覺的方式也不盡相同。唯一可以確定的是，這樣的「訊息」來自於當下自發性的反應，是與身體健康、心理正向頻率以及靈性成長相關，而且不會重複出現。

一切都發生在當下，若是重複不斷出現的訊息，很有可能就是腦中的焦慮與思緒。然而，一個人的內在權威若是直覺權威，代表情緒中心並沒有定義，那麼，在每一個當下放大的情緒感受，很有可能會掩蓋過直覺的呢喃。另外，不論概念化中心有沒有定義，頭腦持續性地思考，也會使得直覺的提醒和警告微不足道到令你忽略。

最常與直覺混淆的是「薦骨回應」。其實兩者非常好分辨，生產者的薦骨回應，除了與能量場內的人事物互動之後而有反應，要確認答案需要被詢問（to be asked）[1]。當然，現在討論的是直覺權威的投射者，薦骨中心沒有固定運作，即使被詢問了，也不是內在固定可依靠的訊息。

---

1 詳見〈第三章：四個動力中心〉、〈第六章：生產者〉。

而**直覺則是自發性（spontaneous）的反應與訊息**，是對能量場中所有事情做出即時的應對。你必須要真真切切地活在每一個當下，全然地信任當下直覺所給出的訊息，也就是信任自己自發性的行動，而非腦袋所考量的、情緒所感受的。

這並非容易的事情，因為當你去思考「當下」的時候，那個當下已經成為過去了。身為一個直覺權威的投射者，在你收到邀請，也就是被辨識出才能而受到認可時，當下你便會感受到你即將被邀請進入的能量是否正確。

其他內在權威：意志力、G中心、頭腦型

接下來的幾個內在權威都是少數的內在權威，都有著同樣的困境，就是放大沒有定義的能量中心，像是根部中心沒有定義的壓力、直覺中心沒有定義的恐懼。

意志力權威的投射者不到總人口的0.5%，這樣的設計只有一條通道，即「起始的通道」（channel of initiation），這樣的設計動力來源是意志力中心。因此，在接收到邀請時，以自己是否有足夠的意志力可以完成、是否與家庭、工作與生活目標做連結，可以帶給自己什麼、是否可以承諾做來判斷。

G中心內在權威（自我投射權威）在收到邀請以後，需要與身旁的

朋友們討論，聽見自己口中說出來的聲音。聽見自己的聲音是重要且必要的，因為此時你才會知道這是不是一個正確的邀請。

依據內在通道的連結方式，會形成「經典型投射者」、「動力型投射者」或是「頭腦型投射者」的差異。所謂**經典型投射者**，指的是包括薦骨在內的四個動力中心都沒有啟動；而**動力型投射者**雖然薦骨沒有固定運作，但是情緒、意志力或是根部中心其中任一個動力中心，則因為通道連結而有持續的動力在運作，這使得投射者們更容易忘了等待邀請，或是得到邀請時無法耐心確認內在權威。

頭腦型投射者則是特殊「無內在權威」的設計。無內在權威的投射者容易受到環境的指引，我們可以說這樣的類型是「真孟母三遷」。物理上的環境健康，決定了無內在權威投射者能否做出正確的決定。這樣的類型在收到邀請的時候，需要於不同的空間中與不同的人討論，因為其他人都是你的能量反射板，在彼此能量場的激盪之下，頭腦型投射者能夠總結出適合的答案。從此可知，無內在權威的設計不應該自發性地行動，需要時間與空間的醞釀。

投射者與其他類型的互動

在投射者的人生中，會有部分的人因為強烈感受到投射者的注視而抗拒，另一部分人則是享受這樣的注視，不管是其中哪一種，對投射者都會產生不同的制約[2]。

是的，投射者在制約中成長，制約是投射者人生中的一部分，所以更要慎選所處的環境。回想看看：你都跟什麼樣的人相處呢？你所進入的能量場、你讀取的能量場是什麼樣的呢？

投射者 vs. 生產者：藉由他們來為自己補充能量

投射者與生產者的關係是密不可分的。生產者身為能量類型，那股強大的生命動能，需要投射者適當的引導。

其實本章節有很大篇幅在討論的，都是投射者與生產者的互動方式，因為要理解投射者的指引，必須放在他們與生產者的互動之上來看。在最後這個小節，我們來綜合歸納一下：

首先，投射者要能夠成功指引生產者的前提，是得到生產者的邀請，也就是投射者的指引、能力是被認可的。有了這個前提，投射者得以讀取、使用生產者的動能，進而給予指引，才可以借力使力、輕鬆不費力地與生產者一起合作。

因為生產者占了這個世界上總人口的絕大多數，有幾近70%的機率，幾乎轉身就遇到一個生產者，所以建議投射者們把身旁的每個人都當作生產者來看待，講更明白一點，建議投射者們把「是非題」作為每段談話的開始、中間與結束。

是非題對生產者的重要性請參閱〈第六章：生產者〉，這邊提供各位的小技巧，叫做「三明治理論（Sandwich Theory）」。

投射者在一段對話當中，**要以「是非題」作為支撐起整個談話過程，維繫能量正確運作的關鍵字。**

以生活中的實際場景來舉例吧。

我們在職場上與主管或同事們互動，必然需要交換想法和觀點，身為投射者的你，即使有著盤古開天般的真知灼見，你開頭的第一句就該是：**「我有個想法，你想聽聽看嗎？」**只要你聽見對方的薦骨回應（假設多數人是生產者的情況下），就可以用最簡單明瞭又快速的方式表達你的想法。若時間拉得太長，對方的回應與邀請很快就會收回了。

---

2 制約（conditioned）：當社會用同樣的標準與價值衡量每一個不同的人，會讓我們產生一個既定的框架，認為自己應該要符合他人設定的條件。

結尾再用：「**這樣你明白我的意思嗎？**」「**這樣有幫助到你嗎？**」讓你更明白這段對話的走向是不是需要調整。

如果你今天是一個剛開始實驗人類圖的投射者，運用以上的方法刻意地詢問是有必要的。在你漸漸熟悉讀取能量這回事之後，投射者便可以藉由眼神、肢體動作與表情，讀取到對方在能量上是不是準備好接受你了。

如果投射者在對方沒有回應的情況下高談闊論，就像是升旗時的校長，不顧操場上的學生們汗流浹背地曬著太陽，自認用心良苦地發表又臭又長的談話；或是今天幼稚園的老師對著五歲的小朋友教三角函數，老師認真講解，但是小朋友們坐在地板上躁動、分心，也不懂老師為何要又急又氣。

投射者 vs. 顯示者：試著讓出決策權

投射者遇到顯示者的狀況其實沒有那麼複雜，因為通常是顯示者找上投射者。

顯示者雖然也是能量類型，其與生產者最大的不同，就是薦骨的能量並不是一個內在穩定運作的設計，但顯示者自給自足的特徵[3]，讓顯示者使命必達。

因此，當投射者穿上了顯示者的鞋子，讀取顯示者的能量，一個不小心就會讓自己行為舉止像個顯示者，而忘了需要等待被邀請；忘了自己之所以被看見，並不是因為那個持續向外顯化的能量，而是因為本身獨特的才華與特質。

我們都知道投射者總是向外看，急著想讓身旁的人明白腦中的想法與見解，若是不小心對顯示者指手畫腳地下指導棋，便是讓顯示者表達不滿，甚至與你漸行漸遠的原因。

事實上，所有類型與顯示者相處的守則第一條，便是：**不要試圖控制顯示者**。這我們會在〈第九章：顯示者〉再來細談。

能量對我們絕大多數的人來說，其實是一個虛無飄渺、看不見的東西，因此也是最容易被忽視的部分，顯示者封閉、對外排斥的能量場，若是沒有對投射者發出邀請，將會讓投射者的能量反彈回來，而感到更加苦澀。

投射者 vs. 反映者：給對方時間認識你

跟反映者相處，很單純也很複雜，最核心的一個觀念：每一次都是不太一樣的人在跟你聊天。

3 詳見〈第九章：顯示者〉。

就算是一個每天都會見面的對象，也可以把他們當成是大自然給你的驚喜：不打擾，是你的溫柔。不需要刻意去讀取反映者，而是自然地體驗他們每天不一樣的狀態。

不要假設他們會記得你們前一次的談話，因為那一刻的感受與此刻並不相同，他們會在一次又一次的月循環[4]中，建構出一個反映世界的模組與根基，而你是這個模組當中的一小部分。

當投射者讀不懂反映者「每次都不一樣的狀態」時，過於急迫的投射者可能會讓反映者嚇壞。給他們多一點時間認識你，認識更加立體的你，而不只是當下急迫的你，這樣一來看透他人的投射者，也才有機會被看透。

投射者 vs. 投射者：互相交流想法

投射者們可能會說：「我們可以互相邀請呀！」

是的，沒有錯，投射者們可以互相邀請，但是各位要知道，投射者受到邀請有兩個前提：第一，投射者的成功，建立於引導能量類型，尤其是生產者，讓他們在能量上回到正軌。第二個前提，投射者收到的邀請，是因為上述的合作對象辨識出他們的專才，進而發出的邀請。

的確，當投射者與生產者長期相處，過度讀取能量會成為投射者苦澀的來源，但如果只是為了減少尚未被看見的苦澀感，所以做出了表面上的「互相邀請」，那又有什麼意義呢？

但，當投射者們群聚在一起，彼此打氣、互相理解、進行能量上的修復，也就是適度地從「踩入能量類型的能量場中」抽離，你們之間，可以盡情進行專業知識上的交流、經驗的分享以及傳承，感覺就像是雷文克勞的休息室[5]呢！

4 詳見〈第十章：反映者〉。
5 雷文克勞學院是《哈利波特》裡的四大巫術學院之一。這個學院的成員以智慧、學識與才智著稱。

“跟隨自己的內心，不盲從別人的遊戲規則，
走在屬於自己的路上，做你真正想做的。”

——強尼・戴普

*“Do what you really want to do. Don't play their game.
Don't do what they want. Find your own way.”*

——Johnny Depp

第九章

顯示者
——渴望不受拘束地活著

轉彎要打方向燈
不要控制顯示者
為什麼連這個也要跟你講

具有龐大影響力的人

我們來到了顯示者，現階段占總人口的8-9%，據信未來會逐漸上升到15%。顯示者在比例上雖然不是大宗，卻深深影響著這個世界的規則與運作。

人類在1781年後，從七大能量中心的人類，進化成九大能量中心的過渡階段，等待2027後的最新進化。在過往七大能量中心人類的社會中，顯示者擁有極大的優勢，而那樣的時代已經過去了，但社會制度、觀念以及行為模式卻仍然制約著每一種類型、每一個人，因此，現代以及未來的顯示者必須在新世界中，重新找到自己的定位。

類型	策略	非自己主題
顯示者	告知	憤怒

與眾不同的能量場

能量場會說話，每個類型的能量場代表了這個類型運作的一切，而顯示者則是活在「他們自己的能量場」當中。讓我們來逐步理解這樣的概念。

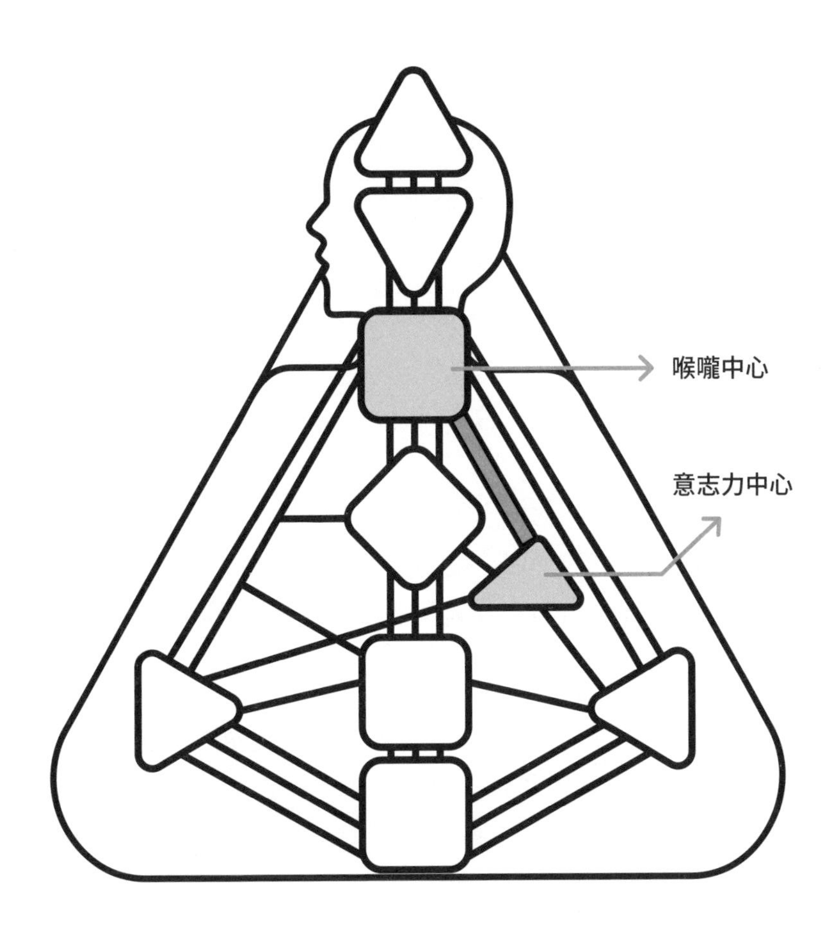

顯示者的人類圖（以意志力中心權威者為例）

顯示者與生產者在四個類型中都屬於「能量類型」，兩者的差別在於顯示者的薦骨中心沒有定義。我們都知道沒有定義的能量中心並非「空無」，而是因為沒有持續的運作，所以並沒有穩固可依靠的能量。而薦骨能量中心所帶出來的能量場是「開放且包覆」的，且會吸引身旁的人前來詢問、使用薦骨強大的能量。

但是顯示者的能量場並沒有這樣的「開放」特性，顯示者的能量場是「**封閉、對外排斥（closed and repelling）**」的，這其實會阻隔顯示者與其他類型在能量上的直接交流，尤其是與生產者「開放且包覆」的能量場做對比時。

這樣的能量場來自特定的能量中心連結。首先，薦骨中心沒有定義，同時代表顯化、讓事情發生的「**喉嚨中心**」，則藉由通道直接或間接地[1]連結到一個或以上的「**動力中心**」：也就是薦骨中心除外的情緒中心、意志力中心或根部中心。

能量場封閉且對外排斥，最簡單且容易理解的譬喻，像是滴入水裡的油，水分子們彼此連結，但是油、水卻不相容，雖然水分子包覆著油滴，油滴卻永遠是局外人。而當油滴在水中移動時，水分子則會向四周移開；或者想像下雨時，顯示者就像一把傘，雨滴落在傘面會自動彈開、滑落。

顯示者的發起：讓事情發生

但這樣的能量場對顯示者有什麼樣的含義？這代表顯示者活在他們自己的能量場當中，顯示者的能量場代表了他們的一切，就像漫威電影中鋼鐵人身上的方舟反應爐[2]，強大的能量被封閉在一個小小的物體之內，但那個能量意味著鋼鐵人的力量。

顯示者的設計持續顯化動能，因此，顯示者會「發起」事情。顯示者（Manifestor）的顯示（manifest）意思是「透過行動等方式清楚地展現」，而我們時常說顯示者的發起（initiate）則是「讓事情發生」。

很多顯示者不明白，自己所開始做的每件事情，舉凡日常生活到職場或人際中的大小事，只要是他們**「主動開始」**的，都是發起，而在正確運作下對於這個世界**具有長遠的衝擊與影響（impact）**。我們偶爾會聽到「顯示者不喜歡發起」這樣的說法，事實上，顯示者不是不喜歡發起，而是不明白發起的定義，也輕忽了自己行動所代表的意涵。

因此，對於顯示者而言，「發起」是自然而然的運作。舉例而言，就好像在一個聯誼、舞會、認識新朋友、新生訓練等等的場合當中，主動走向前破冰、邀舞或是開啟新話題的，就是顯示者。其他類型都是「等待」的類型，等待這些發起的到來，回應並接受邀請。

---

1 例如直覺權威的顯示者，喉嚨中心的通道會先經過直覺中心，再去連接到意志力或是根部中心。

2 電影《鋼鐵人》中，東尼．史塔克胸口的「方舟反應爐」，是他能量輸出的裝置。

運用內在權威而非頭腦

那麼，接下來顯示者的疑問是：「我要開始做什麼？」顯示者的發起，並非頭腦想像出來的，但也正因為顯示者是來讓事情發生的人，所以很容易陷入頭腦的分析判斷當中。以下要提出幾個重點：

內在權威就是顯示者的一切

「讓你的內在權威驅動你」，這是顯示者行動的第一要件。頭腦對任何類型的人來說，都是外在權威，但因為顯示者是唯一「不需要等待事情到來」的類型，所以非常容易掉入「分析與判斷」。顯示者依照內在權威，可以概略分成兩大種：是否為「情緒型」顯示者。只要是情緒型的顯示者，所有的決定都該「至少第二天再說」；相對的，非情緒類型的顯示者，則是在當下依照自己的設計做出決定。

完成自己的事情，而非要求他人完成

這些決定，並不是去要求他人完成，甚至可以說，不需要由他人來完成。這些事情是顯示者想要讓它發生的，可以說是顯示者建造自己的方式，與他人無關。因此，所謂顯示者的影響力，順序應該是顯示者做了一件自己想做的事情，而其他人對此做出回應與反應。

減少阻力才能建造自己

如果我們還記得顯示者那「封閉且向外排斥」的能量場，你就會明

白，顯示者身旁的所有人，對於這些的行動，都無法「先天」感知也不理解，這導致顯示者的每一個行動都帶有壓力以及所需要承擔的後果，因為這些不理解會形成了一個個「阻力」。而唯一可以減少阻力的方式就是運用顯示者的人生策略：「告知」。

接下來我們就來詳細談談何謂阻力和告知。

顯示者的人生策略：告知

告知（inform），應該要以它的全名來做解釋：「**將資訊告訴會被影響到的人，以減輕行動時的阻礙。**」

如同前述，顯示者要發起行動，不需要等待他人的提問，這導致他們很容易想到什麼就做什麼。不管是突然想休假出去玩，或者想買一台新筆電，這種「先做就對了」的態度會使顯示者與他人之間產生隔閡，甚至會有人反對顯示者的想法，因為他人無法理解顯示者的能量場運作。

比方說，有時候顯示者只是想起身去上個廁所，旁邊的人就會問他「你要去哪裡？」「你要幹什麼？」由於不斷要跟他人解釋，久而久之便會讓顯示者覺得：「好像總有人要出來阻止我。」這讓他們感到憤怒[3]，不明白為什麼其他人會有這麼多的疑惑和問題。

3 下一節會進一步解釋何謂「顯示者的憤怒」。

然而，顯示者這個類型的策略（告知），並非如同生產者般因應「生理上」的能量自然運作，而是「戰略上」的，是為了要在沒有阻力的前提下完成自己該做的事情。

接著，我們具體來談談什麼是「阻力」？擋在顯示者前方的全部都是阻力，任何干預、干涉全部都是阻力。走在別人安排好的路上是阻力；排隊時有人插隊在顯示者前方也是阻力；並非內在權威所做的決定當然更是阻力。在現代的世界裡，阻力無所不在，顯示者必須要做出的「戰略」，就是排除這些阻力，完成你該完成的目標。

我們可以把這樣的告知，想像成是摩西分海，清除前方的障礙，這當中的必要條件有兩個，第一是**這件事情必須是正確的**，也就是透過內在權威所驅動的，而非頭腦的分析判斷與評論。

第二個條件是，**運用像藝術品般精緻的表述方式來告知**。對顯示者而言唯一重要的，就是完成自己的目標。這樣的目標對身旁的人具有巨大的影響，也就是說，顯示者的一舉一動對這個世界都是衝擊。透過精緻細膩的表達方式，是讓身旁的人更加明白你們的行動。溝通，是為了清除你前方道路中的障礙物。

當你遇到顯示者小孩

這樣的練習要從小開始。事實上，對於成人之後才認識人類圖的顯示者而言，告知是相對困難的。許多顯示者總是逃避告知，是因為如果沒有人知道自己的行動，似乎阻礙就減少了。然而，這其實小看了顯示者對這個世界的影響力，如果可以妥善細膩地表達，便能提升顯示者帶給這個世界衝擊波的品質。

比如說，同樣是要辭職環遊世界，在出發前一天才告訴家人，跟在規劃的過程中就與家人討論、消除疑慮、表達決心，兩者所造成的衝擊是不一樣的。前者是錯愕與不諒解，後者雖然是擔心但較能信服。

對於一個顯示者小孩而言，這個世界的阻力其實並沒有比較少，無論是父母或師長給予的教條、守則以及規範，都是阻力的一部分。任何年齡層的顯示者都不該「被要求」、「被詢問」，在教養顯示者小孩的時候，我們可以做的是「給予充足的資訊」後，將成人的「告知」調整為：**在每一個行動之前「請求允許」**，讓顯示者從小練習承擔起每一個行動所帶來的後果與責任。

換句話說，在引導顯示者小孩成長的過程中，與他們正確互動的方法，其實就是妥善又完整的事前、事後溝通。無論家長對顯示者小孩的「請求允許」是同意還是否定，都應該給予完整的資訊，讓顯示者從小與這個世界建立信任感，而覺得：「我的告知是有意義的。」「我的行動是要負起後續責任的。」

顯示者的憤怒：為什麼得不到他人的理解與支持？

顯示者的非自己主題叫做憤怒（anger），我們容易認為這是必須要消滅的、不好的情緒表現。事實上，顯示者的憤怒並非「情緒」上的生氣，同時顯示者的「告知」也不是要排除憤怒，而是在行動的路上排除阻力。

先來聊聊憤怒，顯示者的憤怒是怎麼產生的？答案是「隨時隨地」。

一開始只是小小的「煩躁感」（也就是台語中常說的「阿雜」），然後在日常生活中一層層疊加，才慢慢累積而成了憤怒。顯示者封閉的、與世界格格不入的能量場，不被其他類型所理解，於是顯示者們總是被要求、被詢問，被迫要像大家一樣融入這個世界，但是這個封閉、對外排斥的能量場，在每一次受到阻力時，便會增加一點憤怒，讓顯示者不停活在這個憤怒的能量當中。

憤怒，其實是顯示者的一部分，而當憤怒存在於顯示者封閉的能量場之中，顯示者的每一個行動都有可能會被拒絕。在過去七大能量中心的時代，是顯示者制約這個世界的模式，顯示者只需要透過憤怒地「大吼」，讓事情得以完成就可以了。

避免憤怒累積，需要降低阻礙

1995年有一部電影《我不笨，所以我有話說》，講述著一隻想要成為牧羊犬的小豬。前一個世代的顯示者就像是電影中的牧羊犬：不停對著羊群大吼，羊群害怕得喊著、叫著、跑著，而牧羊犬總是可以透過這個方式達成他的目標。

多年以後，人類這個物種正在進化也已經進化，我們現在身處的是九大能量中心的時代，並且將持續進化中。顯示者在這個世代就像是一匹孤狼，大吼已經沒有用，也沒有人想要被吼，世界已經不是這樣運行的了。

然而，能量場中的憤怒仍然在，並沒有因此消失，畢竟也沒有人可以吼了。再次提醒，顯示者的目標並非消除憤怒，而是**在行動之間找到自己的內心平靜、保持態度平和。**

這樣的狀態，只有可能發生在：所有行動都來自內在權威的驅動，而非頭腦的分析判斷；明白自己的每一個行動都會對世界帶來巨大影響，所以會將資訊妥善地告訴必要知道的人，將前方的阻礙降到最低。儘管當中會有一些小小的惱人阻礙，但不需要過度理會與在意，唯一重要的，就是好好引領自己的每個行動。

承擔起每一個行動

「引領自己的行動」，這件事情值得顯示者認真去理解。在此之前，我們先回過頭來，聊一下顯示者的內在權威。

情緒中心沒有定義的顯示者（包括直覺權威、意志力權威），需要依照自己的設計，活在每一個當下，這不是頭腦所可以預測與設想的。直覺權威者需要依靠的就是人們常說「一閃而過的直覺」，這種反應會在行動前出現，你必須多留意身體的短暫反應，並且及時向周遭人進行告知。

情緒內在權威的顯示者則必須要「等待內在感受澄澈」，這樣的情緒澄澈並非頭腦的語言可以表述，那是身體的感受，你必須要等到不再緊張急躁，情緒稍微平穩之後再做出行動。雖然要保持耐心，對做事明快、行事衝動的顯示者來說特別困難，但唯一能讓你的情緒獲得緩和的就是時間。平時要做決定之前，記得「等一下再說」或「等一天再看看」，最好先好好睡一覺，待情緒恢復穩定。

顯示者的行動，必須要受到內在權威的驅動而進行才會正確，光是這一點就極為困難。行動之後，也並不會一帆風順，各位要有這樣的心理準備。顯示者封閉的能量場，其實在投射者與生產者的世界中會顯得很「可疑」，因為獨特的能量場，使得他們的一舉一動都會引人注目。顯示者就像是電影《楚門的世界》裡的楚門，隨時隨地、任何行動都會被他人看見。因此，「妥善的告知」並非一個可有可無的選項，而是一個能清除前方障礙物的必要戰略措施。

過去在課堂上，我總是將告知譬喻為「轉彎要打方向燈」，我們開車、騎車在路上，轉彎應該先打方向燈，是應當遵守的道路交通條例，並不是顯示者可以因為情緒不好，就能選擇不說的。顯示者們要知道，你們擁有自己的人生目標，完成你的人生目標才是唯一重要的事。在引領自己的行動時，清除前方阻力唯一的方法，就是敞開心房，清楚地、精緻地向受到你影響的人，表達自己的行動。

如此一來，顯示者的行動便能得到他人的理解與支持，周遭的人將會成為你的助力而非阻力，你內心所累積的憤怒也會大幅減少。

顯示者守則：兩個必要、兩個必要

顯示者必須要走在自己的路上，任何他人幫你決定好的路，都是阻礙。顯示者活在一個「充滿生產者與投射者」的世界之中，非常容易受到同樣的方式對待：被要求、被詢問。但是，如果你想要過上屬於自己的人生，就必須要讓身旁的人學會尊重你。

兩個不要

不要等待被詢問

顯示者是來完成自身目標的人，只要是經過你的內在權威所決定的事情，你要做的，就是妥善告知所有資訊之後，排除前方阻礙，完成你的目標。而不該只是等待被詢問的。

這並非意指顯示者不需要協助、不需要與人討論或無法與人合作，而是這些全部都是你達成目標的一部分。既然顯示者走在自己的路上，必須要進行告知，也就是將自己的規劃、打算和行動昭告周知，如果對方的合作與協力是計畫中的一部分，那麼，這些也是需要告知對方的必要內容。

很多人容易誤會顯示者無法與人親密或相處，事實上，顯示者隨時都準備好要與人互動或交流，而告知這個動作正是設置了一道與人交流的窗口，有了這樣的空間，可以讓顯示者好好當一個顯示者，自由地不受到他人干涉。

不要等待被要求

任何事情，只要是以「要求」的方式告訴顯示者，便會讓顯示者在心中蒙上一層憤怒。其實這樣的憤怒，從小就開始逐漸地累積，並且一直被深深壓抑著，因此，有許多顯示者便假裝自己是生產者，藉此試圖擺脫能量中的憤怒。

顯示者需要的是完整的資訊（information），在充足的資訊下，顯示者得以依照內在權威來行動。有了完整的資訊，顯示者也可以明確知道自己應該要將行動告知哪些受到影響的人。

舉例而言，面對家事分工、臨時的計畫或需求，顯示者們必須知道家庭有這些需求的「資訊」，而非「被要求」去做什麼行動。「家裡的衛生紙用完了」（**提供資訊**）與「你去買幾包衛生紙回來」（**提出要求**），對顯示者而言是完全不一樣的。

接著，再次回到我們前面提到的，顯示者是行動者，所有的行動都是依靠自己的內在動力主動出擊，因此，所有的行動、開始或維持任何一段關係，顯示者都必須負擔起這個行動的責任與義務。得到充足資訊後，依照你的內在權威前進，而不是因為擔心遭到拒絕或發生衝突和阻礙，就拒絕與人溝通。

兩個必要

說到這邊，可以回答一個顯示者最常詢問的問題：為什麼我都告知了，事情還是無法順著我所希望的那樣進行？為什麼我內心還是會感到憤怒？

首先，再次澄清一個觀念，顯示者要排除的並不是憤怒，而是在行動時的阻力。同時，顯示者的告知，並非「需要」他人或是「指揮」他人，而是建造自己的人生。我們就來談談對顯示者來說，兩個必要的原則吧。

必須受內在權威驅動

人類圖強調每一個人都是獨一無二，類型的分類並不是單純的標籤，而是給予能量場的運作方式一個方便溝通的名稱。因此，對於顯示者這樣一個活在自己能量場內的運作方式，必須練習區分現在驅動你行動的是否來自內在權威的正確運作。

「大腦是一個好東西，希望人人都要有一個。」但頭腦的工作就是分析、判斷、規劃以及檢視，它並沒有動能。能夠驅動顯示者行動的動能並非來自頭腦的想像。

比方說，你負責的專案時程，因為客戶要求而有了重大變動，你當下的直覺本能告訴你，要盡快和專案小組的成員分工。但你思考了一下，決定自己緊急加班處理，到最後，這件事不但沒有趕上時程，成員和主管也都因為沒有得到告知，而不知道你一頭熱在忙些什麼。

必須要告知你的行動

所有的阻力都會造成顯示者能量上的憤怒，在此提醒顯示者，不需要將焦點放在這些憤怒之上，因為憤怒是必然存在的；而是將焦點放在你該如何完成你想要達到的人生目標。那就是告知，告知是藝術，告知是一門精緻的溝通技能。

特別需要澄清的是，這個告知並不是要你告訴全世界，而是**列出一個清單**，想想這個行動會牽涉到哪些人？認清你的能量帶給這個世界的衝擊與影響，比你想像中的更大、更遠。

顯示者因為不受控與不被理解，經常與他人發生對立，雖然他們不需要被別人詢問，就能獨自發起行動，但其實顯示者的能量不像薦骨運作是來「完成」事情的，常常某些事做到一半，仍需要他人來共同完成或協助。

再加上許多已經成年的顯示者，不認為自己做什麼事情都需要讓大家知道，要嘛覺得這件事情與他人無關所以不需要講，要嘛就是認為這件事情說出來後會遭受阻力，或者眼前正在進行的工作會被打斷，因此不想講。

但一直以來，告知都不只是一句話、一個字和一個結果，你告知的能力越高，遭受到的阻力越小。

顯示者巨大的影響力

我不斷地提到顯示者帶給這個世界的衝擊和影響，因為這是許多顯示者容易忽視的。這個影響不要以「領導」、「引領」等角度去理解，而是一個充滿動能的能量場在與其他能量場相遇時，其他能量場所遭受到的撞擊、衝擊，進而產生極大的影響。

顯示者的存在，就是一個無法忽視的能量，如此的能量體讓顯示者在現代這個「生產者與投射者的世界」裡，反而像個局外人，從來無法真正地與這個世界融合。但同一個時間，顯示者又想假裝自己是個生產者，為了避免憤怒，卻沒想到因此有了更多的憤怒。最後，導致顯示者們不再認為自己擁有任何的影響力。

為了活出顯示者真正的人生，你需要勇氣去承擔起行動時帶給身旁人們的衝擊，「告知」並不是在釋放你的憤怒，而是身為顯示者的責任與義務：完成你的人生目標，需要排除路上的障礙物，而告知就如同清道夫的角色。

當顯示者依照「兩個不要、兩個必要」的守則生活時，顯示者的行動、話語均會產生極大的影響。這樣的影響力不見得會是如我們的想像，要拯救世界、成為世界領袖，而是在一個人的心中留下不一樣的質變，例如一個眼神、一個笑容，或是簡單的一句話，而推了對方一把、加速了某件事情的進行，甚至改變了他人的一生。

當正確運作的顯示者走在自己的路上，該跟隨你的「羊群」，自然會在你妥善告知後出現。

顯示者遇到其他類型時，為他們設置公告欄

當一個家庭、工作環境之中，同時有其他類型（尤其是生產者）與顯示者時，建立一個「公告欄」是必要的。

任何的要求、詢問，對顯示者而言都是阻力，而公告欄的概念，事實上就是顯示者的告知。

這是一個雙向的運作，顯示者不該命令他人，也不該被命令。顯示者給予對方充足資訊，也該被告知充足資訊，這樣才能讓顯示者擁有足夠的空間，運用他們的內在權威來決定是否行動。

舉例而言，如果顯示者看見公告欄中，家裡缺了幾項生活用品，他選擇行動、不行動，都應該要告知家裡會被影響到的人，讓大家知道現在發生什麼事情、接下來會發生什麼事情，便能讓顯示者感覺到的阻力大幅地減少。

尤其是顯示者遇到顯示者時，因為能量場各自獨立，在互相不講話的情況下，很容易各做各的，此時，你們更需要互相告知手頭任務的完整細節，耐住性子進行完善的溝通，這就是讓你們彼此可以順利互不干擾的方法。

另一方面，沒有人能夠阻止顯示者，只有他們能夠阻止自己。例如說，顯示者不該等待生產者或投射者來做決定，當顯示者覺得一段關係不適合你、工作要轉換跑道，應該要主動告知對方你的想法和決定，而不是逃避到最後一刻匆匆離去。

正確的運作模式是改善顯示者人際關係的第一步。跟投射者一樣，對於生產者振動頻率相當敏感的顯示者，覺察是第二步，讀取、理解身旁的人，你才能在告知的藝術上不斷地精進，畢竟這是戰略，為自己的人生打一場勝仗吧！

“這個世界充滿神奇又驚喜的事物，
耐心地等待著我們培養越來越敏銳的感知能力。”
——威廉・葉慈

*“The world is full of magic things,
patiently waiting for our senses to grow sharper.”
——W.B Yeats*

第十章

反映者
——難以捉模又不會被定型

我是隱形了嗎
百變怪
月光仙子
我到底是誰

映照出整體的樣貌

反映者（Reflector）占整體人類的1%，是四個類型中唯一的「月亮類型」，有著與其他類型截然不同的運作模式。

反映者的圖有著極高的辨識度，即所有的能量中心都沒有定義，整張圖都沒有固定的能量運作，也就是傳說中「白帥帥」、整張圖「空白」的設計。雖然過往在這個能量類型統治的世界中，反映者時常被忽視，但我們可以期待未來，反映者因為反映了周遭一切的真實樣貌，他們讀取、檢視著身旁的一切，可以說他們才是最終公正的仲裁者。

類型	策略	非自己主題
反映者	等待月循環週期	失望

體驗型的能量場

反映者會像鏡子般映照出一切，但要能夠成為最終公正的仲裁者，在能量上也必須要像鏡子般「本來無一物，何處惹塵埃」。試想如果反映者的能量場跟生產者一樣開放且包覆，那麼反映者將不是「反映」出他人，而是「成為」他人的模樣。

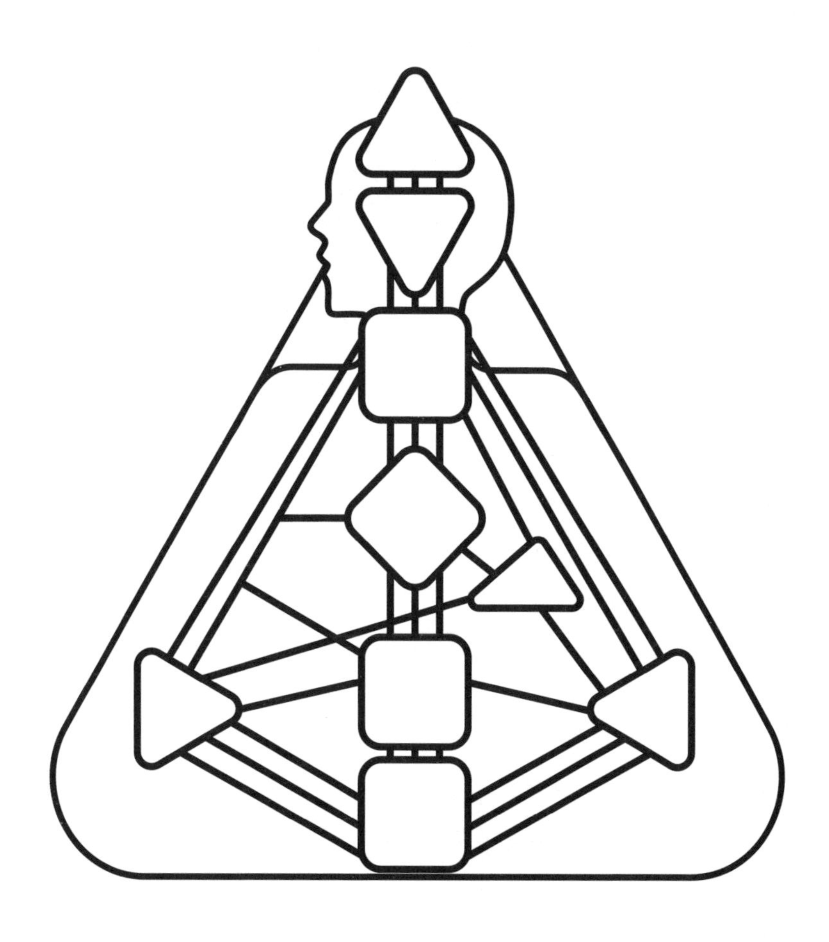

反映者的人類圖範例

因此反映者的能量場是抗拒且體驗（resistance and sampling）。抗拒的能量場就像是不沾鍋，霧濛濛又看不清；體驗的能量就像試吃，所以整體來說正確運作的反映者，就像是去大賣場裡試吃一圈，但並沒有在哪一個攤位吃太多或停留太久。

這樣的能量場運作，讓反映者得以對這個世界充滿好奇，在來到下一個試吃攤位前仍然對這一切感到驚喜。但是全空的設計、與其他三種類型截然不同的運作模式，讓他們容易掉入錯誤的狀態中，對這個世界產生失望。

辨認出真正的自己

反映者總在詢問自己是誰，因為他們似乎像是隱形一般地消失在身旁的人群當中。有許多反映者在不了解該類型運作的情況下，誤以為自己是沒有特色、沒有個性、沒有自我的人，總是像變色龍一般成為周圍人的模樣。

不但如此，想法與感受不斷地變化，也讓許多不明就理的反映者們找不到自己是誰：「我能夠做我自己嗎？」「如果可以，那我自己又是誰呢？」

我們容易誤以為，全部沒有定義的設計，非常虛無飄渺、深受環境與流日[1]的影響。其中，反映者要快樂的祕訣之一，必須處在正確的環境，但他們並非虛無飄渺，在進入到環境之前，我們先來介紹反映者的根基（a set of pattern）。

前面有提到反映者與其他三種類型有著截然不同的運作方式，生產者、顯示者、投射者，皆因為能量中心固定不變的連結方式，而形成了特定的能量場，有著相對應的策略與內在權威。

首先，反映者不同之處在於沒有任何固定運作的能量中心與通道。第二，反映者是月亮類型，深深受到月亮行經64個閘門的影響。第三，反映者並非空無一物、隨風漂流，反映者是有根基的。

反映者的人生策略：等待月循環週期

我們會說反映者「每天都不一樣」，並不是因為反映者每天遇到不同的人或是不同的流日影響，真正的原因是反映者會隨著**月亮行經64個閘門**，體驗這64個閘門帶給自己內在的變化。

月亮行經64個閘門約莫29.5天，也就是月循環週期（Lunar Cycle），因此對反映者而言，每隔8到12個小時，月亮就會來到下一個

---

1 流日（daily transit）：微中子（neutrino）帶有宇宙間行星的訊息，被人稱為宇宙的使者、恆星的呼吸，而我們每秒被3兆微中子所包圍，就像是徜徉在微中子的海洋中。每一秒的流日，也就是每一秒行星過境的訊息，就如同在那瞬間宇宙的「快照」，體驗在那一刻當中，宇宙傳達了什麼樣的提醒。

閘門，反映者內在的體驗與感受也會隨之變化。倘若月亮在繞這64個閘門一圈的過程當中，與反映者原本的設計形成通道，則會暫時體驗該通道的能量運作。

我們以2022年5月20日開始舉例。5月20日這天早上8:00左右月亮進入了60號閘門的1爻，會在60號閘門停留8到9小時；在當日下午17:00進入到下一個閘門41號閘門；在5月21日凌晨2:00再來到19號閘門；5月21日中午12:00再到13號閘門。以此類推。

每一個閘門雖然停留的時間不長，但月亮每一個閘門的移動，都會對反映者出生的原始設計產生影響。

以2022年5月20日早上8:00為例，若是這位反映者原本就有著3號閘門，此時的他，將短暫體驗3-60這條通道的感受、薦骨生產者的能量，甚至還可以細微地察覺到月亮行經60號閘門的每一條爻的變化，可以說每隔兩到三小時，心境就會有所改變。

接下來月亮進入41號閘門，若是這位反映者本身並沒有對向的30號閘門，那麼，他在這幾個小時，依然是以一個反映者的狀態在反映這個世界；到了13號閘門時，他可能體驗到了13-33通道有定義的運作，而出現自我投射型投射者的表現。

這個變化非常快速，甚至對許多固定不變的人來說，是難以掌握且撲朔迷離的，但這個變化模式是有規律的。**每年會有12次的重複循**

環，這個模式就是反映者的根基。無論今天的反映者是什麼樣的變化，29.5天之後，同樣的模式便會重現。

如果反映者想知道自己是誰，就必須要知道自身這個重複的規律。

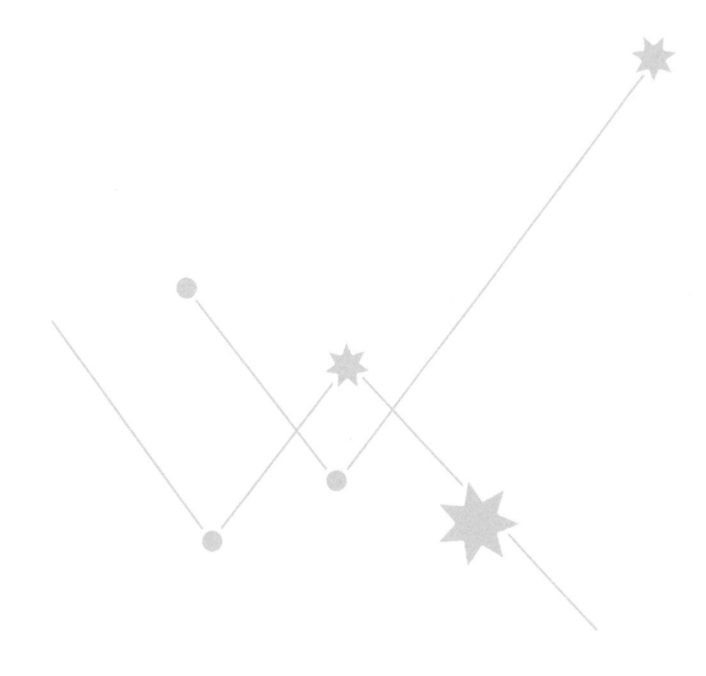

需要時間完整體驗，才有辦法做出決定

對反映者而言，唯一可靠不變的，就是月循環週期本身，這不只是反映者認識自己的方式，也是他們做決策的方式：等待月循環週期。

等待月循環週期的方式，絕對不是一個月坐在家裡什麼都不做，而是在這段時間，**持續與身旁的不同朋友們針對特定主題進行討論、體驗**。即使是一樣的對話主題，在不同的時間點，也就是在反映者不同的樣貌中，都將帶來不同的觀點與啟發。

這裡的討論並非為了聽取他人給你建議，而是收集各式各樣的想法，以及能量的讀取，加上反映者內在感受與觀點的變化，做出最後決定時，是在完整體驗過月亮行經64個閘門之後。

流日對反映者的重要性

在了解反映者的重要根基：「月循環週期」後，我們再來看看流日對於反映者的影響。反映者因為本身「開放性」的關係，容易與宇宙的訊息同步，甚至是相對敏感的。知名反映者分析師達門老師（Dharmen Swann-Herbert）便負責了多年國際總部 IHDS 的流年、流日分享。

雖然反映者對流日相當敏銳，也深受流日影響，但我們還是需要先找到月循環，觀察今天的反映者，是以什麼樣的變化在體驗流日。這讓他們的「我是誰？」增加了一個新的變數：「我今天是誰？」

在群體裡反映他人的樣貌

舉例來說，反映者跟不同人相處就會是不同的樣子，如果反映者今天長期待在一個善於批判的人身邊，他似乎也會變得善於評論。反映者不是像投射者那樣觀察別人，而是直接映照出對方的模樣。

正因為反映者在人際中能夠反映出他人的樣貌，他們會進行調和，像鏡子一樣直接映照出環境或團體真切的模樣。而反映者應該要成為一個社群中的核心人物，如此一來，他們才得以習得這個世界的多樣性。

不過，反映者絕非是來這個世上依附群體或他人的，讓正確的人進入自身的領域，將使他們前方的路能夠正確地被開啟。反映者的開放性，持續讓身旁的人為他們發起各式各樣新的可能性，也因為擁有空白中心的接收器，能夠讓反映者持續體驗不同的能量，但若因此變得過度依賴他人，則是屬於非自己頭腦的心理機轉。**當置身於錯誤的環境或空間中，反映者便會感到失望沮喪。**

在反映者身上很容易出現的狀態是，若有人拿出反映者喜歡或感興趣的事物時，反映者傾向「抓住」這樣的人、向他們靠近，因為這樣能讓他們在其中獲得驚喜的體驗。但這不代表反映者應該要受到他人控制，也不是過度依賴身旁的人，要記得**反映者是社群的核心**，他們會反映出部落（或者說一個群體）的整體狀態。

如果反映者成為了一個團體的核心角色，當團體在做重大決定時，反映者會因著月循環週期的運作，在不同的狀態下，完整體驗過所有觀點與視角，而能夠更加全面地反映現狀、直指問題所在，提供客觀中立的意見。但是，請給自己多一點時間來做決定，即使他人已經失去耐心，身為反映者的你仍要掌握好這個原則。當你能夠獲得他人的尊重，擁有絕對的時間與空間後，你才有機會，將你從空白中心中所學習到的智慧真正給予他人。

給反映者的月循環範例表

最後，提供一份月循環範例表（第252-253頁，以好萊塢影星珊卓·布拉克為例），讓反映者能夠練習對照。首先，每一個行星都會按照大輪軸上的順序行經64個閘門，但行走速度不同，如太陽繞64個閘門一圈大約365天；而月亮行走速度較快，繞64個閘門只需29.5天，因此每8到12個小時便會移動到下一個閘門。

反映者會因為月亮行經64個閘門，輪流接通自己設計中原本的閘門，短暫地體會能量中心因通道連結而產生的定義。這是一個規律的變化，當反映者能夠完整體驗月循環這個機制，在與他人互動時，將會有更全面性的觀點。

接著，我們對照一下珊卓 · 布拉克的人類圖（如下圖）。2022年8月1日凌晨，月亮停留在64號閘門，而珊卓·布拉克本身就有懸掛的64號閘門，因此這段期間她依然是一個九大中心全空的反映者。

而在8月1日凌晨4:00左右，月亮進入了47號閘門，與珊卓·布拉克本身的64號閘門產生了64-47這條通道，在接下來的10個小時珊卓·布拉克將體驗64-47持續思考的能量，以及頭腦型投射者的感受。

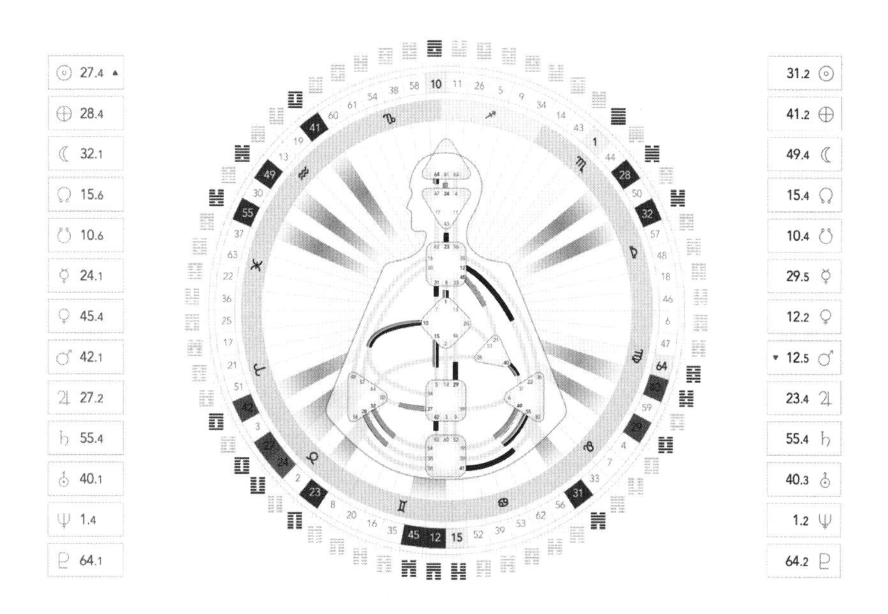

圖片來源：Maia Mechanics: Human Design Software by Jovian Archive

反映者因為月循環週期而體驗不同類型，但並非真正地成為那個類型。在月循環的基礎之上，反映者將體驗整體流日的影響，以及與身旁環境中的人們影響（行星行走的星曆表可以在官方Jovian Archive購買）。

日期	時間	月亮進入閘門	與反映者本身連結
2022/8/1	02:00	64	反映者
2022/8/1	04:00	47	64-47，頭腦型投射者
2022/8/1	15:00	6	反映者
2022/8/2	02:00	46	46-29，薦骨權威生產者
2022/8/2	12:00	18	反映者
2022/8/2	22:00	48	反映者
2022/8/3	10:00	57	10-57，直覺權威投射者
2022/8/3	20:00	32	反映者
2022/8/4	06:00	50	50-27，薦骨權威生產者
2022/8/4	16:00	28	反映者
2022/8/5	02:00	44	反映者
2022/8/5	12:00	1	反映者
2022/8/5	22:00	43	43-23，頭腦型投射者
2022/8/6	08:00	14	反映者
2022/8/6	18:00	34	10-34，薦骨權威生產者
2022/8/7	04:00	9	反映者
2022/8/7	12:00	5	5-15，薦骨權威生產者

日期	時間	月亮進入閘門	與反映者本身連結
2022/8/7	22:00	26	反映者
2022/8/8	08:00	11	反映者
2022/8/8	16:00	10	反映者
2022/8/9	02:00	58	反映者
2022/8/9	23:00	38	38-28，直覺權威投射者
2022/8/9	20:00	54	54-32，直覺權威投射者
2022/8/10	05:00	61	61-24，頭腦型投射者
2022/8/10	14:00	60	反映者
2022/8/10	22:00	41	反映者
2022/8/11	08:00	19	19-49，情緒權威投射者
2022/8/11	16:00	13	反映者
2022/8/12	02:00	49	反映者
2022/8/12	10:00	30	30-41，情緒權威投射者
2022/8/12	20:00	55	反映者
2022/8/13	05:00	37	37-40，情緒權威投射者
2022/8/13	14:00	63	反映者
2022/8/14	00:00	22	22-12，情緒權威顯示者
2022/8/14	09:00	36	反映者
2022/8/14	18:00	25	反映者
2022/8/15	04:00	17	反映者
2022/8/15	14:00	21	21-45，意志力權威顯示者

反映者與其他類型互動時，必須留意環境的正確性

從前述可知，反映者有著正確的人際互動是非常重要的。除了使用自己的策略以外，反映者要能進入正確的人際關係，還有一個很關鍵的因素：**地點**。

如同所有G中心沒有定義的設計，正確的地點，決定了正確的人，但在反映者身上這層影響更加巨大。正確的地點，會帶著反映者開啟人生新的可能，發生正確的人生事件。然而，錯誤的地點，相當於反映者置身錯誤的人際關係之中，空間環境的舒適度，可能會給你帶來身體或心理上的影響。

因此，反映者該關心的問題是：「我是否處於正確的環境之中？」反映者要反映出來的是群體中的真實，而不是群體中的痛苦。當自己身處在錯誤的空間裡，接下來遇到的人、發生的事情都會映照出反映者的不舒適。例如，持續忍受情緒的痛苦、壓力與焦慮，感到迷失與困惑，最終導致的就是反映者覺得自己被群體排斥在外，而對一切感到失望。

給自己獨處的時間，抖落滿身風霜

如果反映者真正理解自身的運作模式，就可以保護自己獨特的能量

場。除了不讓自己被定義成任何樣子以外，還有每日都需要**藉由獨處**，來做能量場上的清理，就像是將不沾鍋的鍋子好好洗一洗，離開並關閉他人能量場的影響。

清理過後，全新的一天即將開始，對於反映者而言，洗盡鉛華就像抖落了全身灰塵，如同一面乾淨的鏡子，更能夠反映出環境的全貌、整體機制的軌跡，看見身旁的人表面的問題與深層的制約。

反映者不該是隱形的，他們應是社群的核心、部落的樞紐。給予反映者做決策應有的時間與空間，他們的視野就會更加全面，如此一來，才能再反饋給這世界最公正的回應與評論。

身為反映者，你不需要緊緊依附在特定的人身邊，而是要隨時享受他人為你的生命風景所帶來的驚喜。即使你將不斷受到環境影響，只要你能夠藉由月循環的週期變化，辨認出真正的自我規律，並接受自己多變的樣貌，你就可以用開放的心胸，踏入一個全新的環境，自然反映出環境帶給你的感受，卻不受制於特定的人設。

附錄：情緒週期紀錄表

建議情緒中心有定義的「情緒權威者」，要練習記錄自己的情緒週期。這樣的週期可以幫助你，明白自己體驗到的感受大約會影響你多長的時間，也會更清楚你現在處於什麼樣的波段之中。

當然，平時就有在觀察情緒的人，會知道自己的情緒大概多久一次循環。本書提供了一個簡易範本，給剛開始留意自身情緒，或沒有習慣使用付費 APP 來記錄週期的人，你可以自行在空白表格填上時間或調整使用。

計分說明

此紀錄表的分數範圍為 +5 到 –5，各位可以依照自己的習慣調整分數範圍。只要抓住一個重點：「分數越高代表動能越強」。

- **1 ～ 5 分：** 情緒感受有可能是生氣，也可能是開心，屬於高強度的回應。
- **0 分：** 沒什麼特別感受。
- **–5 ～ –1 分：** 動能低落，通常情緒感受也會低落，尤其是不想行動、做任何反應等。

使用方法

因為每個人的情緒中心會因為不同通道的接通，而有不同的情緒週期（不同波幅的圖示請參考第65-66頁）。以下列出3＋1種週期，及其分別合適的記錄方法。

▶ 39-55、22-12通道

這兩條通道屬於個體波的波幅，情緒起伏如同心電圖般呈荊棘狀，平時是持平的情緒，但會突然地拉高或突然地降低，因此建議在「拉高」與「降低」的時間點再記錄即可。

▶ 41-30、36-35通道

這兩條通道屬於抽象波的波幅，情緒的起伏是隨著「希望的累積、失望的崩落」，因此，推薦每天早上起床，尚未被人間摧殘之前做紀錄：問問自己，今天的心情是幾分呢？

▶ 19-49、37-40通道

兩條通道屬於部落波的波幅，情緒起伏上下波動較為頻繁與複雜，但都是以累積至最高點後崩落的方式。雖然麻煩，但仍然建議在有波動時便立刻記下來，同時，這樣的週期需要相對長時間的觀察。

▶ 6-59通道

這是所有波動的源頭，由於6號閘門集合了所有情緒的覺察，並且是動能啟動之處，因此這條通道最為複雜也最難記錄，所有的波幅都有可能出現，對於此類型的人而言，只要有在記錄，就可以逐漸察覺到自己的不一樣了。

開始前的小提醒

- 在記錄情緒時，需要詳細描述還是簡單標示？依照不同設計的人可以有彈性的做法。關鍵核心是可以盡量描述「感受」本身，而非「事件」。

- 情緒是有「動能」的。因此+5的高點並非只有喜悅的粉紅泡泡，也有可能是充滿戰鬥力的積極，或是因為動能和自我覺察高，容易感到不耐煩或惱火。所以，在記錄時除了寫下自己的情緒感受之外，也要考量情緒的動能。

- 情緒的澄澈，是在你感受過高峰低谷之後，身體不再緊繃、緊張，並非一個絕對值的感受，因為動能是持續變化的。然而，我們依然可以記錄發生了什麼事情，但要反過來檢視：「我在不同的情緒時，遇到同樣的人事物，是不是有不同的感受？」而不是以當下的情緒去定義這件事或這個人。

▶ Sample

情緒感受＼時間	6/1 10:00-	6/1 18:00-	6/2 11:00-	6/2 17:00-	6/3 08:00-	6/3 12:00-
5			同事有夠雷 啊啊啊啊！			
4	專題衝啊！ 我可以的！					
3						
2						
1		吃飯看劇				
⓪				終於下班		
–1					完全沒動力 開會	
–2						
–3						
–4						不想吃飯！ 我要下班！
–5						

時間 情緒感受						
5						
4						
3						
2						
1						
0						
–1						
–2						
–3						
–4						
–5						

時間 / 情緒感受						
5						
4						
3						
2						
1						
0						
–1						
–2						
–3						
–4						
–5						

時間 情緒感受						
5						
4						
3						
2						
1						
0						
–1						
–2						
–3						
–4						
–5						

時間 情緒感受						
5						
4						
3						
2						
1						
0						
–1						
–2						
–3						
–4						
–5						

時間 情緒感受						
5						
4						
3						
2						
1						
0						
–1						
–2						
–3						
–4						
–5						

時間 / 情緒感受						
5						
4						
3						
2						
1						
0						
–1						
–2						
–3						
–4						
–5						

人類圖，你與世界和解的開始

從九大能量中心、四大類型互動，找回你的人生主導權

作　　者 | Repeat
發 行 人 | 林隆奮 Frank Lin
社　　長 | 蘇國林 Green Su

出版團隊

總 編 輯 | 葉怡慧 Carol Yeh
主　　編 | 鄭世佳 Josephine Cheng
企劃編輯 | 李雅蓁 Maki Lee
責任行銷 | 鄧雅云 Elsa Deng
封面裝幀 | 木木
版面構成 | 黃靖芳 Jing Huang

行銷統籌

業務處長 | 吳宗庭 Tim Wu
業務專員 | 鍾依娟 Irina Chung
　　　　　李沛容 Roxy Lee
業務秘書 | 陳曉琪 Angel Chen
　　　　　莊皓雯 Gia Chuang
行銷經理 | 朱韻淑 Vina Ju

發行公司 | 精誠資訊股份有限公司　悅知文化
　　　　　105台北市松山區復興北路99號12樓
訂購專線 | (02) 2719-8811
訂購傳真 | (02) 2719-7980
專屬網址 | http://www.delightpress.com.tw
悅知客服 | cs@delightpress.com.tw
ISBN：978-986-510-230-2
建議售價 | 新台幣420元
初版一刷 | 2022年07月
初版十一刷 | 2024年06月

國家圖書館出版品預行編目資料

人類圖，你與世界和解的開始：從九大能量中心、四大類型互動，找回你的人生主導權 / Repeat著. -- 初版. -- 臺北市：精誠資訊, 2022.07
272面；17×21.5公分
ISBN 978-986-510-230-2 (平裝)
1.CST: 靈修

192.1　　111010055

建議分類 | 人文社科

線上讀者問卷 TAKE OUR ONLINE READER SURVEY

內在權威就像導航系統，
是我們重新獲得自由、
拿回自己主導權的方式。

——《人類圖，你與世界和解的開始》

請拿出手機掃描以下QRcode或輸入
以下網址，即可連結讀者問卷。
關於這本書的任何閱讀心得或建議，
歡迎與我們分享 :)

https://bit.ly/3ioQ55B

Manifestor
Reflector
3
7
2
1
4
9

Projector
Generator

3
9
Reflector
Manifestor
7
2
1
4
7
9